JN044437

障害があっても同じ人間や

雇用から福祉へ
共に働き、共に生きた半世紀

浅居　茂　著

文理閣

はじめに

私が浅居茂さんと初めてお会いしたのは２００３（平成15）年頃でした。病院・医院の関与先の多い会計事務所を運営していた関係で、福祉も関心がありました。障害福祉は身体・知的・精神と分けて運営されていることが多いなか、あすなろ福祉会さんは身体・知的・精神のすべてを受け入れておられるということに興味を持ち、お訪ねしたことがお付き合いのはじまりです。

お会いして、お話をお聞きして驚いたのは、町工場からのスタート、近所で困っておられる障害者のお子さんを持つ親御さんに頼まれての知的障害者雇用、そして精神障害者の雇用。障害者雇用に助成金があることも知らずに人助けのため雇用されました。当然、知的・精神障害者により制度の違うことなど知る由もなく。そしてさまざまな課題を滋賀県の福祉部と議論しながら解決されて来られました。利用者さんへ仕事を教えるにあたってのアイデア。障害を持っていても残る能力は生かして働き、出来るだけ自立するという考え方。今までお会いした福祉関係者と違いました。

それ以後たくさんの方にあすなろ福祉会をご紹介しました。東京、京都、大阪の精神科のクリニック院長、埼玉、京都、滋賀の福祉事業所等の施設長をお連れして見学もさせて頂きました。

この本にも、入所者の生活保護受給をゼロにした件が認められ天皇陛下より御下賜金を頂いたことが、瑞宝単光章の叙勲よりも嬉しいと言われています。

国の財源のことを考えてのお話です。福祉にも限界があります。それより増して、障害を持って生まれた方、また人生の中途で障害者になられた方が、自立して活きいきと人生を歩まれることが何よりであるという信念を持ってのお話だと思います。その支援を半世紀以上にわたりやってこられました。

福祉行政、福祉施設運営の先駆けとなる活動により業績を残された浅居茂さん。90歳を前に、20年間の尊敬と感謝の念をこめて、この本の出版のお手伝いをさせて頂きました。

この本をお読みになった沢山のみなさんが浅居茂さんの考え方に共鳴し実践され、良い福祉社会建設に取り組んでいただけることを祈念しております。

2023（令和5）年8月吉日

出版手伝人　**海来　美鶴**

障害があっても同じ人間や◉もくじ

序章　戦争中の子ども時代

黒く塗り込められた小学校

1935（昭和10）年、私は滋賀県犬上郡豊郷《とよさと》町で生まれました。

小学校に上がると間もなく、戦争まっさかりの時代になりました。学校に行ってもほとんど授業はありません。あらゆる物資が不足しており、学校でも教科書そのものがなかったのです。

この頃の年代はみんなそうだったと思いますが、小学校ではまともな勉強はやっていませんでした。

全校生徒が体育館に集まってきて、床に座って縄ないをします。ワラを叩いて柔らかくして、撚って縄をつくるのです。縄は大切な生活道具でした。

運動場は隅から隅まですっかり掘りつくされ、耕されて、広大なさつまいも畑になっていました。

秋になったら、田んぼに出かけて、落ち穂ひろいです。稲を刈ったあとに田んぼにわずかに残っている落ち穂を拾いに行くのです。

それから防空壕を掘ること。それらが学校の授業でした。

小学校の前には、何本ものひまわりが植えられていました。中山道沿いも一面のひまわり畑です。ひまわりの種を絞って飛行機の燃料の油にするためです。

飛行機を飛ばそうにも、この頃の日本にはもう飛行機を作る鉄も、油もない状態になっていたのです。

滋賀県豊郷町の近辺では、空襲による被害はなかったのですが、近郊では、大阪と名古屋が大きな爆撃を受けていました。田んぼの畦道を歩いていると、名古屋方面へ向かう、不気味な敵の飛行機が黒い影を落として何機も飛んでいくのを、不安な気持ちで見上げていました。

名古屋は人口も多く、軍需工場や兵器補給廠など軍の施設も多かったからでしょうか。

豊郷小学校は、私が入学したときは、「東洋一の小学校」との呼び声も高い立派な建物でしたが、白く大きな建物が上空から目立って標的になるといけないから、と、コールタールが塗られて、真っ黒になっていました。豊郷小学校には当初は当時としてはめずらしい先進的なスチーム暖房が廊下にも教室にも入っていたのです。また階段の手すりには真鍮製のウサギとカメのしゃれた飾りがありました。豊郷小学校のシンボルがウサギとカメで、それが手すりのところに飾られていたのです。

しかしそれらはわずか1年か2年でなくなりました。戦局が厳しくなり鉄が不足しはじめると、あらゆる鉄製品、それこそ各家庭の鍋・釜まで軍に供出させられていました。豊郷小学校の自慢のウサギとカメも、スチーム暖房も、接収されてしまいました。

そして白くて美しかった自慢の校舎は、真っ黒に塗り込められてしまいました。

竹の皮を売る

そんな時代で、子どもらしい夢を持つこともなく、学校へ行ってもほとんど勉強はなく、10歳頃、学年でいうと4年生になった頃から、私は自分でお金を稼ぐようになっていました。

何をしたかというと、そこらじゅうにある竹の皮を拾い集めたのです。いまでも高級な牛肉を買うと竹の皮に包んでくれます。あの竹の皮です。昔は弁当といえば、握り飯を竹の皮に包んだものだったし、殺菌作用のある丈夫な竹の皮にはいろいろな用途があったのです。このあたり一帯はうっそうとした竹藪がいくつもあったので、竹の皮は苦労することなく、どこでも手に入れることができました。

そこで竹藪を見つけては、中に入って行き、皮を拾って歩くのです。竹は成長していくとそれまで新芽を包んで保護していた古い皮が勝手にはがれて地面に落ちてきます。木にくっついて落ちかけているものは体当たりで竹を揺さぶってやると、ポロリとはがれて下に落ちてきます。

それらを集めて家に持って帰り、水できれいに洗って、外で干して乾かすのです。

最初は売りに歩いていましたが、そのうち外で何枚も干していると、干しているところを見かけた業者が、自然と向こうから買いにやってくるようになりました。

終戦、ヤミ米運びを手伝う

小学校4年生の夏、ようやく戦争が終わりました。

すると今度は深刻な食料難の時代がやってきました。このあたりは農村ですから食べ物がないといっても米も野菜もそれなりにあったわけですが、都市部の食料難は、それは深刻なものでした。家族がみなで飢え死ぬか、なんとか生き残れるかの瀬戸際で、もう大変な時代だったのです。政府が配給する配給米だけでは命をつなぐのに到底足りず、闇市場での取り引き、いわゆる「闇米」の売買が日常的に横行していました。

今度は、その闇米運びをする大人たちの手伝いをしたのです。

京都駅では改札を出たところで、降りてきた乗客の荷物を、警察がチェックして厳しく取り締まっていました。もし闇米などが見つかったら、その場で引っぱっていかれます。そんなときに、子どもが一緒だと親子連れ、ということで、警察の検閲が緩かったのだと思います。

大人たちが数人がかりで稲枝駅のホームから米の二斗袋をいくつも、列車に運びこみます。列車はやがて山科を越えトンネルを抜けて、もう少しで京都駅に着く、というあたりで、スピードを落とします。そのタイミングを狙って、あらかじめ決めておいた場所で米袋を線路の外へ向かって放り投げるのです。線路の傍では受け取りに来ている人が、すでに待ち構えていました。

そうして列車が京都駅に着いた頃には二斗袋の米はありません。私が背中に背負っていたリュックサックのなかにも多少の闇米が入っていましたが、子どもの荷物までは調べられることはなく、検閲は素通りでした。

大阪へ

1950(昭和25)年、中学校を卒業した私は、15歳で大阪に出ることにしました。戦争が終わって5年が経っていたとはいうものの、日本国中が、まだ焼け野原状態でした。大阪に出てすぐの頃は難波の防空壕に住んでいました。体育館が防空壕になっていたのです。難波のまちはほとんど防空壕ばかりでした。

それでも街なかには、すでに繁華街が姿を現しはじめていました。この頃、大阪の繁華街で食べ物屋などの食品関係の店をやっていたのは、ほとんどが中国人か韓国人のようでした。日本人はやりたくてもできなかったのでしょう。あらゆる生活物資が配給制で、飲食店をやろうにも日本人は食材が手に入らない。しかし中国人や韓国人は、おそらく食材が手に入れられる、何か特別な別のルートをもっていたのでしょうか、人が集まって来る場所には必ず繁華街ができて、飲食店がありました。

その頃、うどん1杯が20円でした。汁なしのうどん玉だけなら10円です。汁のお金が出せないから10円でうどん玉だけを頼んで、それにテーブルに置いてある醤油やソースをかけて食べていました。


大阪で、最初に頼って行ったのは叔父の家です。工業用の皮製ベルトをつくる工場をやっていて、その仕事を手伝いました。しかしここはしばらくして倒産してしまいました。叔父のところにいたのは1年ぐらいでした。

それからはあちこちを転々としました。従兄弟が京都で精肉店をやっているというので、そこに世話になったこともありました。このときの経験で、私には直接、物を販売する商売には向いていない、と実感しました。その後、名古屋へ行ったり、しばらく滋賀県に帰ってきたりして2、3年が過ぎました。

浪速区にあるランドセル工場に勤めたのはこのあとからです。豊郷町の同じ町内出身の人が経営していた工場でした。

浅居商店の誕生 ～トランジスターラジオのカバーからの出発～

その工場は、合成皮革で子ども用のランドセルを作っていました。機械の型で切り抜いた合皮に糊を塗って貼ったり、それをまた組み合わせたりして成形し、最終的にランドセルに仕上げる作業をやっていました。工場には従兄弟や親戚の人なんかも大勢雇われていました。みんなと一緒にランドセルを仕上げていくのです。

やがて時代の流れと共に、その工場では、ランドセルからトランジスターラジオのケースの製造へ、主力を移すようになりました。

これはもう少し後、戦後も１９６０年代頃になってからの話ですが、日本では冷蔵庫、洗濯機、掃除機などの家庭電化製品が一気に一般家庭に普及するようになっていきます。「三種の神器」などと言われました。

しかし１９５０年になったばかりの当時、日本の家庭に普及していた電気器具といえば、まだまだ、照明器具と扇風機、アイロン、それにラジオぐらいがせいぜいでした。テレビがなかったこの当時、ラジオは世の中の動きを知るための貴重な情報源として欠かせないものだったのです。

そうしてトランジスターラジオの生産が増えてくると、その工場でも、大阪の松下から下請けの仕事をもらって、ラジオの外側のケースの製造をはじめるようになったのです。

いまでは電気製品はどんなものでもプラスチックでできているので、ちょっと想像しにくいかもしれませんが、当時のラジオは、堅い板のような段ボールでできた箱のなかにラジオの部品が入っていて、その外側を合成皮革でぐるっと包んでいたのです。穴が開いているところがスピーカーで、そこから音が出るようになっています。後ろの面には修理をしたり、部品を交換したりできるように、窓が開く構造になっていました。

合皮だから、ランドセルづくりの技術がそのまま応用できたのでしょう。

この工場でラジオケースの製造技術を身につけた私は、20歳のとき（1955年）に独立して、大阪で浅居商店をはじめることにしました。

その頃、大阪で結婚して、長男と次男が生まれました。

1963（昭和38）年、28歳のときに浅居製作所を創業しました。

第1章

障害があってもなくても、人として〝働く〟ことはあたりまえ

ふるさとに帰って工場（浅居製作所）をはじめる

1964（昭和39）年、29歳でふるさとの豊郷町へ帰ってきた私は、この地で本格的に浅居製作所を展開することにしました。

大阪で生まれた長男（故人）が4歳、次男（現理事長）は、1歳のときでした。

大阪にいるときは、まず自分たちが住む家への家賃を払わないといけません。工場をやるにしても、工場を借りなければいけない。都会なので地代は高いです。その点、田舎に戻れば、家は自宅に住めばいいのだし、土地を借りるにしても安くて広い土地が借りられる。それに昔からよく知っている近所のおばちゃんたちが、働き場所がなくて仕事を探しているから、そんな顔見知りのおばちゃんたちを従業員として雇うこともできます。

「どうせ工場をやるのなら、豊郷町へ帰ってやるか」

とまあ、そんな動機でした。

創業当初の、自宅を改装した浅居製作所でやっていたのは、大阪の工場時代から引き継いだトランジスターラジオのケースをつくる仕事でした。

従業員は10人ぐらいからのスタートです。

当時は1日働いてもらって、240円ぐらいの日給でした。

そうして出来あがったものを大阪まで運ぶのに運送屋を頼むと、往復で送料がかかるから、古いトラックを1台買ってきて、仕事が終わってからの夜間や日曜日に自分で運搬していました。子ども2人を助手席に乗せて大阪までのドライブです。

それが唯一の親子のふれあい、家族だんらんの時間でした。

忙しいけど、とにかく必死で働き、活気にあふれた毎日でした。

ソウルへの技術指導

その頃、トランジスターラジオケースづくりを主に受注していたのは、松下の下請け企業の浜元商店というところで、私はその下請けをしていました。

ある日、韓国人の社長が日本で立ち上げた「ニューホープ」という会社の社長から、「話がある」と呼び出されました。

「今度、ソウルに工場をつくりたいと思っている。浅居さん、ソウルの工場に来て、従業員を技術指導してくれないか?」と言うのです。

人から頼みこまれると断れない性格と、人に教えることは自分自身の技術の向上に役にたつかもしれないと思い、その社長の頼みを引き受けることにしました。

こうして豊郷町で浅居製作所を経営しながら、しばらくの間、日本と韓国を行ったり来たりして、ソウルにある工場で技術指導をしていたことがあるのです。長いときだと10日から2週間ぐらいソウルに滞在して、そしてまた日本に戻ってくる——。そんな生活を何か月か繰り返しました。

まず工場で働く従業員、350人を募集したら、雇ってほしい、と、なんと10倍以上の4500人がやって来ました。それぐらい当時のソウルは不景気で、仕事がなかったようです。

とにかく貧しく、街の通りでは、家のなかは暖房もなく寒すぎるのか、みんな外に出て木や板切れなんかを拾ってきて、たき火をして暖をとっていました。たき火の周りに何十人と人が集まって来るのです。みんな食べるものも着るものもない様子でした。そんなことなので、ソウルから帰るときは、毎回、着ていた服は持ち帰らず、全部、宿舎に置いて帰っていました。

そうしていよいよソウルの工場で、350人による流れ作業が始まりました。ところが朝から仕事を始めて、午後2時頃になったら、従業員がみんなバタバタと倒れていくのです。

「これは、一体どうしたんや?」と思って事情を聞くと、「お金がなくて、朝から何も食べていない」と言うのです。

これでは仕事にならない! と、社長に直談判して、牛乳とコッペパンを2つ、給食として出すことにしました。そうしたら今度は、パン1個をその場で食べて、もう1個は食べずに家にもって帰ろうとするのです。「家族に食べさせてやるのだ」と言うのです。そんな貧しい時代だったのです。

ところが当然と言えば当然、予想された結果なのですが、ソウルの工場が順調に稼働するようになると、その社長は、日本の会社を閉鎖して、さっさと韓国に引き揚げてしまいました。

結果、うちは仕事を失ってしまいました。

みすみす仕事を取られてしまう国外企業に、私はわざわざ貴重な技術を教えに行っていたわけです。

まあ、長い年月、工場経営をやっていると、そんな失敗談もありました。

私はかつて商工会の役員をしていたとき、「外国に仕事を持って行くな。けっきょく全部取られてしまうことになる」とよく言っていましたが、それにはこんな経験があったからです。

工場に遊びにやってくる2人の青年

さて、そんなことで、初期の浅居製作所をやっていた頃の話です。

当時の工場はどこもそうでしたが、エアコンなどはまだ普及していませんでしたから、冬は石炭ストーブを焚いて暖房し、夏は扇風機すらまだ導入できてなくて、窓を開けっぱなしにして、毎日毎日、従業員と汗を拭きながら作業をしていたのです。

そうしたらいつの頃からか、いつも窓の外から工場のなかをじっと覗きこむ2人の青年が現れるようになりました。決まった時間になるとやってきて、私たちが作業するようすを「なにをやっているの？」といわんばかりに、おもしろそうに眺めています。

彼らは1人が30代、1人が40代の知的障害のある青年2人でした。

とは言っても、2人とも、当時の私よりも年が上です。

まだ一般家庭にテレビも普及していない時代でしたから、家にいてもすることがない、行くところもなくて、退屈で毎日、日課のように工場をのぞきにやって来ていたようです。

「おう、また、あんたらか」

いつしか、私は彼らと話をするようになりました。

「なんで、毎日、毎日、ここに来るんや？　働きに行かんでもええのか？　ええ仕事はないんか？」と聞くと、最初は私が言っている意味がよくわからないのか、照れ笑いをしたり、あるときは逃げて行ったり、黙ってそっぽを向いたりしていましたが、そのうち、2人とも、

「なんで？」

と聞き返すようになりました。

なんで働かな、あかんの?

「なんで?」

「なんで? なんで働かんとあかんの?」と言うのです。

……別にこれまでも、いまも、毎日、不自由なく暮らせていけているのに、なんでわざわざ、働かな、あかんの? と。

そうなのです。彼らは学校を卒業すると、あとはずっと家にいて、家族にご飯を食べさせてもらって、洋服を着せてもらって、なんなら小遣いまでもらって、生活しています。それで、すでに30代、40代の年齢になっている。このまま年老いていくのです。一生、そうやって暮らしていくのです。

なんでいまさら働かんとあかんの?

だいいち、働くってどういうこと? 仕事って何?

おっちゃんらはそこで一体、何をやっているの? と。

私は「これは、いかん!」と思いました。

「これは、おおごとではないか!」と思いました。

彼らの言動を見ていると、簡単な作業なら、手助けさえあれば、十分、仕事はできるはずです。働けるはずの子らやのに、なんで仕事をさせへんのや？　なんか理由があるのか？

仕事もせず誰かの世話になって、毎日ぶらぶら暮らしているのは、人として絶対によくない！それは、人がまともに生きている姿とは言えない。

障害があろうがなかろうが、人間として生まれてきた以上、人は働いて飯を食うのが当たり前や。人にお世話してもらうだけで自分は働くこともせず、何もせずにのうのうと暮らしていく。そんな存在にはなったらあかん！　絶対にあかん！　と強く感じたのです。

ほんなら浅居さん、あんたのところで雇たってえな

私はさっそく学校に出かけて行き、先生に会って話を聞いたり、教育委員会を訪ねて、一体、どうなっているのか、なぜこういう子らが地域にいるのか？　知りたくて、必死で説明を聞きました。

その結果、わかったことは、この頃は養護学校も高等部もありませんし、中学校の支援学級（当時は、特殊学級、なかよし学級と呼んでいました）を卒業したら、あとは彼らには行く場所がまったくない、という現実でした。仕事をしようにも障害のある彼らを雇ってくれる場所など、どこにもない。だから仕方がない、ということなのです。

「福祉」という言葉すら、一般には普及していなかった時代です。障害のある子にとってはそれ

が普通で、あたりまえだ、というのです。

教育委員会の人からは、逆に、

「浅居さん、あんたのところの工場、近所の勤めに行く先がないおばちゃんたちを雇っているんやろ？　……おばちゃんたちを雇ってるんやったら、障害のある子らも雇ったってえな」

と言われました。

そのとき、

「そうか。それもそうやな。ほな、そうしようか。雇ってみよか」

と一念発起。

決めたことが、すべてのはじまりでした。

というのは、私は自分の経験上、工場での仕事というものは、1から10まで、1人の人間がやるわけではなく、必ず何人か手分けをして行うものであって、その作業は分解すれば、必ず一つの工程になる。全体を統括して管理する人や、ポイントポイントで連結を点検する人は何人か必要ですが、一つひとつの作業そのもの、一工程一工程そのものは、意外と単純なものであることを知っていたからです。

ちょっとした工夫や、手助け、ていねいな声かけなどがあれば、そして時間をかけてやれば、彼らにもできる仕事は必ずあるはずだ、と直感していたのです。

障害者雇用、第1号の誕生

1966（昭和41）年、障害のある人の雇用第1号、最初の1人目は、本人も親のこともよく知っている同じ在所の近所の子でした。親御さんの希望で、中学を卒業したあと、すぐにうちに働きに来るようになりました。

彼は、はじめて工場にやって来た日は少し緊張していた様子でしたが、すぐに慣れ、まわりの従業員とも打ち解けて、毎日、機嫌よく、しっかりと働くようになりました。

当時は、補助金も助成金もまだ何もない時代でした。福祉という概念もまだあまり行き渡っていませんでしたし、私も法律がどうなっているかとか、何も知らず、行政への働きかけとかも、まったく何も考えていませんでした。

ただ、行くところのない青年の働き場所として、工場で雇用した、というだけのことでした。

彼は浅居製作所で数年間、働いて、その後、母親に連れられて大阪に引っ越していきました。

世間では障害者と呼ばれている子であっても、作業の内容を考え、サポートや援助さえあれば、工場で、まわりのみんなと一緒にちゃんと働くことができる。そのことを世間に証明した、貴重な第1号でした。

ところがそうこうしているうちに、障害のある子の雇用が1人増え、また1人増え、2人増えていきました。

「あそこでは障害のある子を雇用してくれるらしいで」

「何人か雇っているらしいで」

という噂があちこちにひろがっていったのです。

「うちの子も雇ってほしい」

と、近郷近在から希望者が次々と訪れ、障害のある子の雇用がどんどん増えていきました。

障害者の雇用には潜在的な需要があった、ということでした。

アホを使って金儲け、しとる！

ところが、その頃から、あちこちから、まあ、あることないこと、さまざまな陰口を言われるようになりました。

近所の人から言われたこともあります。あからさまに面と向かって言われたこともあります。

「あそこは、アホを使って、金儲け、しとる」

そんな、心ない言葉です。

これに対して私は、

「ほんなら、あんたが雇ってやってえな。金儲けができるんやったら、あんたがやってみたらエエがな」

「儲かったら、それはその子らの給料になるんやで」

そう言い返すと、相手はなにも答えられませんでした。

障害があろうがなかろうが、人は働くのが当たり前。自分で働いて、お金を稼ぐことは当たり前のことや。

障害者を雇用することは決して悪いことではない。

当初から私には確信がありました。

障害者やのに、かわいそうに（？）

また、まわりの健常な作業者と同じように、立って作業をさせていることも、批判の的になったのです。

「障害者やのに、かわいそうに。立って、しんどい仕事をさせられて」

というわけです。

かわいそうに、と言うけれど、工場の流れ仕事は、基本、みんな立ってやるのが普通です。障害者だから、かわいそうな子だから「座らせる」という発想が、元来おかしいのです。

それでも最初の頃は、従業員みんなで、座って作業をしていたのです。ところが4、5年が経つと、あることに気がついたのです。障害のある子が些細な段差、電線1本につまずいて、転倒するようになったのです。明らかに足腰が弱ってきていたのです。

そもそも障害のある子たちは、学校を卒業してから、家の中にいるときは、おそらくずっと座ったり寝転んだりして過ごしていると思います。そのほうがラクですから、どうしてもそうなります。親きょうだいも、本人の好きなようにさせていることが多いと思います。

学校にいる間は体育の授業があったり、移動する必要があったりして、ある程度身体を動かす機会がありますが、卒業してから、障害のある人たちが健常者のように、健康を維持するために自ら一定の運動をしたり、意識的に歩いたりするようなことは、まずないと言ってよいと思います。

障害のある人が比較的若くから足腰が弱ってきて、足元がもたつき、老化がはじまるのが早いのは、こういう長年の生活習慣も悪影響を及ぼしていると思うのです。

テレビの普及、最近のゲーム機の普及は、そのことに一層拍車をかけていると思います。

せめてここに来て仕事をしている間は、立って作業をする。そうして少しでも身体を鍛えたほうがいいのです。

こうした考えは、その後も変わることはありませんでした。

自動車部品（シートベルト）など、下請け作業を広げる

いっぽう、浅居製作所の工場の仕事ですが、トランジスターラジオの仕事がなくなったあとを、どうしたものか。

何か別の、違う仕事を探す必要がありました。

そう思っていたところ、私が目をつけたのが自動車産業でした。

その頃の日本では自動車がどんどん増えていました。それに伴って自動車の部品の製造も多岐にわたるようになっていったのです。

滋賀県の湖東地域は場所柄、関ヶ原を越えれば、愛知県がすぐそこです。そこにはトヨタの大きな自動車工場があります。

また彦根には、戦争中は軍が使用する落下傘（パラシュート）の紐の部分の布地を織っていた織物製造所がありました。パラシュートの紐は命にかかわる部分ですから、なによりも丈夫な布が必要です。その製造所で織られる布は強靱で、その強度には定評があったのです。

そこで織られて染色した丈夫な布を、うちに運んできて、指定された部品を取り付け、シートベルトにするところまで仕上げてトヨタに納品する、という仕事を始めたのです。

１９６９年から日本国内で製造される自動車の運転席には、シートベルトを設置することを義務づける法律が制定されました。

シートベルト加工の仕事には大きな需要がありました。

この当時の織り屋さんは、いまはシートベルトのほかエアバッグなど、自動車のセーフティシステム全般を扱う一流企業に成長しておられます。

織り布から最終的にシートベルトのかたちにまで仕上げていく作業は、流れ作業でいくつかの工程に分かれています。その工程を、障害のある子にもやれることに応じて、振り分けていったのです。

トヨタのシートベルト（自動車部品）組み立て作業は、現在もあすなろ福祉会の就労継続支援B型施設で継続しています。

障害のある子らの「働き」

工場で行う作業には、様々な工程があります。

豊郷町へ帰って来て工場を始めたとき、まず最初に近所のおばちゃんたちを中心に雇っていたのですが、そのとき、おばちゃんたちには1人について5工程ぐらいの作業を担当して受け持ってもらっていました。

よく「人間のやること」という言い方がありますが、作業には必ずミスがつきものです。一定の割合で不良品が出ます。これは不良率と言って、仕方がないものとして、不良率をいかに減らしていくかが工場の課題、と一般的に考えられています。

ところが重度の障害のある子の場合は、その場で判断を必要とされるような複雑な作業や、いくつかの工程が組み合わさったようなことは難しいので、作業をできる限り細かく分解して、1人につき1工程ぐらいに単純化する必要がありました。

一人ひとりがやる作業をできるだけ簡単な単純作業にして、それをいくつも組み合わせることで全体としての工程を完成させるようなシステムを考え、作り出していったのです。

そして実際にやってみると、このほうがむしろミスが少ない。不良率が少ないのです。

1人につき1工程だからミスが少ないのです。時間はかかるけれど、不良は少ない。

じゃあ、単純すぎて退屈で、途中で飽きてこないのか？　飽きてイヤになることから起こるミスは発生しないのか？　というと、これがどうやら、飽きないようなのです。

1人、2人ではなく、みんなで、集団で作業をするから飽きない、退屈しないという面もあるかもしれません。

だけど、単純で同じ作業を繰り返すことに対して、飽きることなく、真面目に続けられること。それは彼らの「働き」の特質として評価するべきことではないのか？　と私は思っています。

たしかに通常よりもはるかに時間はかかりますから、その分は人数で補うわけです。その分、1人当たりの工賃は通常に比べて当然、低くはなりますが、全体としてミスの少ない、確実な仕事をこなしていくことは可能なのです。

彼らと一緒に仕事をしていて、私は彼らのこうした面を発見していったのでした。

彼らと共に、時代の先を読む

当時は今のような宅急便というシステムがなかったので、でき上がったシートベルトを愛知県のトヨタの工場まで毎回、タクシーを使って納品していました。トヨタでは、製造ラインを止めることは何千万円の損失、赤字になるのだそうです。だから、たとえ何万円かかってもタクシー代を出してくれました。シートベルト1個を新幹線を使って運んだこともあります。

今は宅急便を利用していますが、どうしても間に合わないときは、今でもヘリコプターをチャーターして運んでいます。ここから愛知の工場までヘリコプターなら15分で行くことができます。

「クラウンのシートベルトだけは浅居製作所にしかできない」と全幅の信頼をおいてくれたのには、私が松下の工場を見学したときに流れ作業を見て学んだ技術をもとに、独自に開発した、数々のノウハウがあったからだと思っています。

トランジスターラジオケースやシートベルトの仕事だけではありません。あるとき新幹線に乗ったら、置いてあった雑誌に「今、日本で一番儲かっている会社は京セラだ」と書いてありました。そこで、八日市にある京セラの工場に行って、いきなり「日本で一番儲かっているという御社の仕事を、どうか、うちの工場にやらせてください」と言ったら、最初は「は？」と言われましたが、取り継いでくれて、仕事を発注してもらいました。

名古屋のパロマのガスコックの仕事も、少しでも埃がついたらガスが漏れるという繊細な仕事でした。毎日納品が条件で、関ヶ原が冬場におそろしく雪が積もるため、毎日の納品が難しく、1年続けましたが、これはあきらめました。

とにかく時代の先を読むこと。世の中の動き、経済の動きの中で、これからの時代に必要とされていく物は何なのか見極めていく。

それを障害のある子らと一緒につくっていくのです。

そうやって半世紀の間、ずっとやってきたのです。

みんなで社長さんを待ってたんや

この頃、私がつくづく感じていたことは、この子らはほんとうに根が真面目で、心が優しいということです。

たとえば当時、私は夕方、ときどき彦根まで、トラックでシートベルトにする材料を取りに行っていました。当然、みなは仕事を終えて寮に帰っているものだとばかり思っていました。ところが夕方5時の終業時間を過ぎているのに、私が工場に戻ってみると、全員が帰らずに工場に残っているのです。

「もう5時を過ぎてるのに、なんで仕事を終わらへんのや？　なんで帰らんのや？」

と言うと、

「荷物を下ろすとき、社長さん1人だけやと、重たいやろ？　かわいそうやから」

「みんなで下ろすのを手伝おうと思って、社長さんが帰ってくるまで待ってたんや」

そう言ってくれました。

当時はリフトもなく、荷物はすべて手積み、手下ろしだったので、私が戻ってくるのを、みんなで相談して待っていることにした、と言うのです。

このとき、私は「ああ、ほんとうに、自分はこの子らに助けてもらっているな、支えてもらっているのだな」と思いました。

この子らをこれからも大切にしていきたい。

それから事業にますます熱が入っていったのです。

みんなで旅行に行ったとき、一緒にお風呂に入って「しゃちょうさん、背中を洗ってあげよう」と言って、いつまでもいつまでも、背中を洗い続けてくれたことなどをなつかしく思い出します。

今はみんなすっかり年をとってしまい、逆にこちらが背中を洗ってやらんとあかんようになりましたけど（笑）。

Column

“コーヒーを入れる”という仕事

たとえば、インスタントコーヒーを入れる、という「仕事」があるとします。

一番最初の人がやる作業は、テーブルの上に皿を置くことです。次の人は置かれた皿の上に今度はカップを置く。次の人はさらにティースプーンを置く。次の人は砂糖を置く。次の人はミルクを置く。

ここまでは重度の障害の子でもやることができます。

次の人はコーヒーの粉の分量を計ってカップに入れる。これは少しレベルの高い作業です。でも障害が軽度の子ならやることができます。

最後にこれまでの工程がすべて抜けなくできているかチェックをしながら、定量のお湯をカップに注ぐ。これは職員がやります。

こうすれば「コーヒーを入れる」という仕事は、７つの工程の作業に分けることができます。つまり７人で作業を分担して働くことができるのです。

障害の軽い子、重度の障害の子も作業にかかわることができます。

そんなふうに考えていけば、障害のある人でもできる作業、仕事はたくさんあるのです。

働く

1976（昭和51）年からずっと一緒の山ちゃん。

重い障害に負けずプライドを持って仕事頑張ってます。

只今、86歳。まだまだ現役、若い人には負けないよ。

2

あすなろ一筋35年。みんなで黙々とシートベルト部分の組立てに励んでいます。

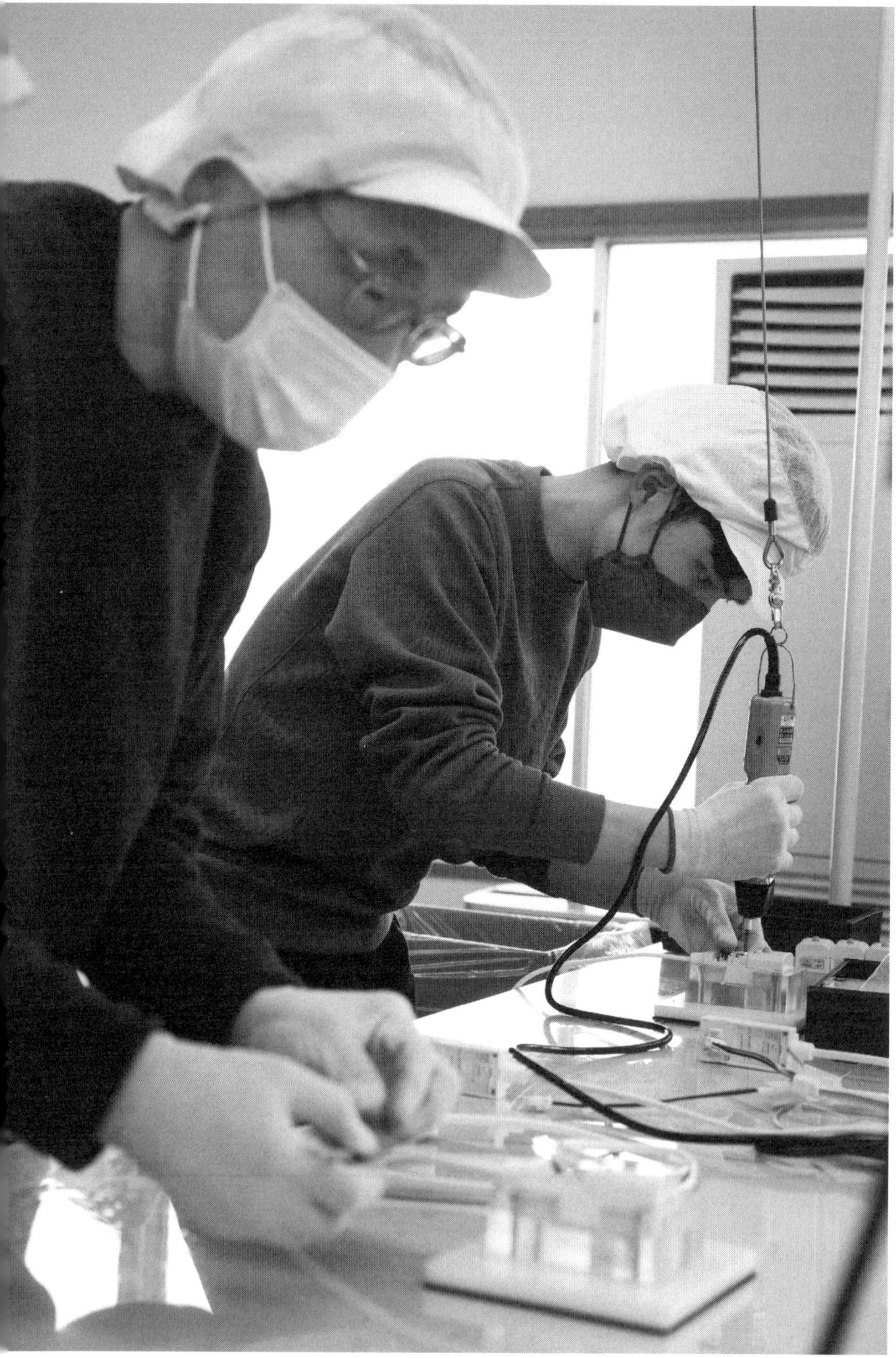

仕事に集中。この真剣な眼差し。

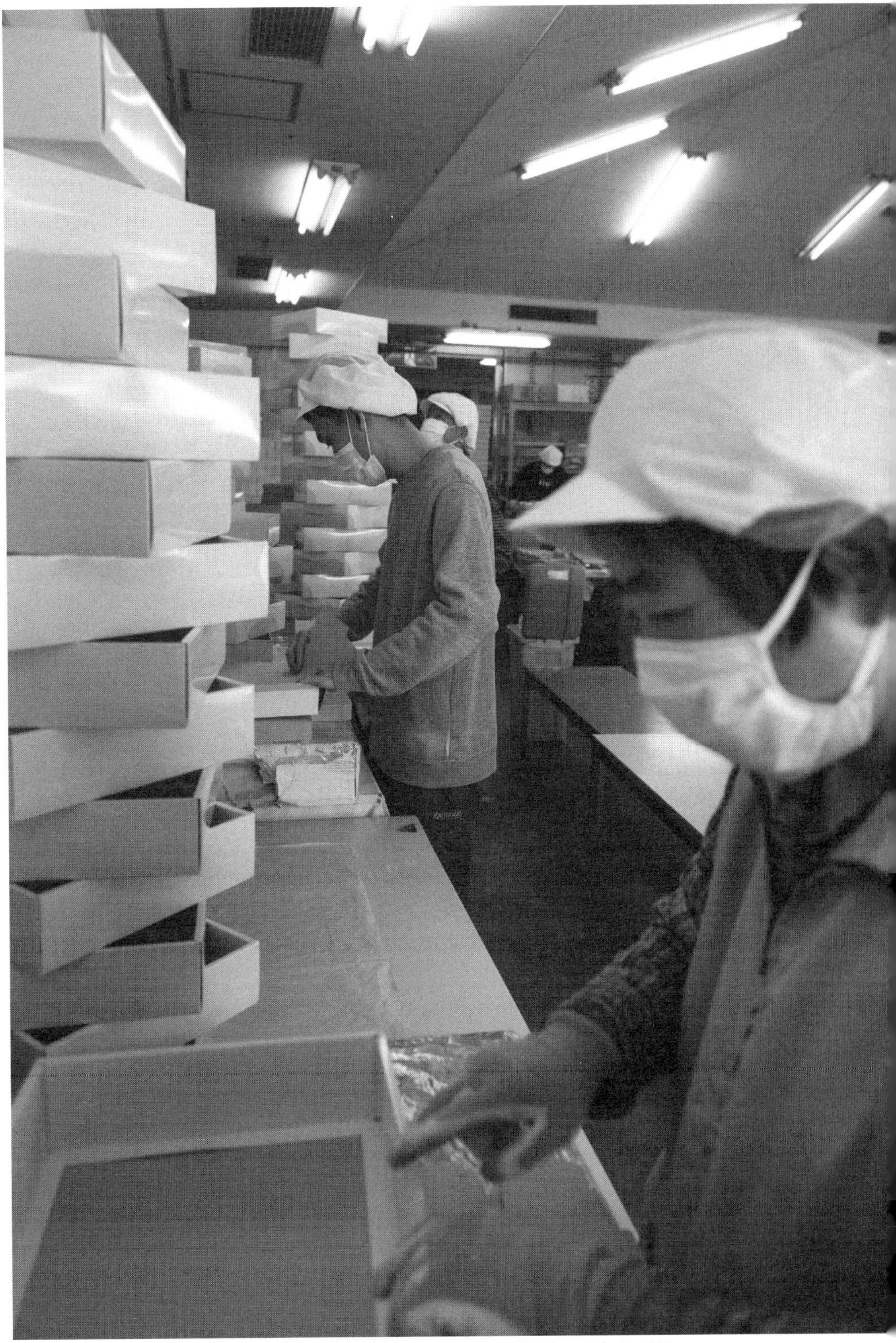

箱折りの大ベテラン。あっという間に出来上がり。

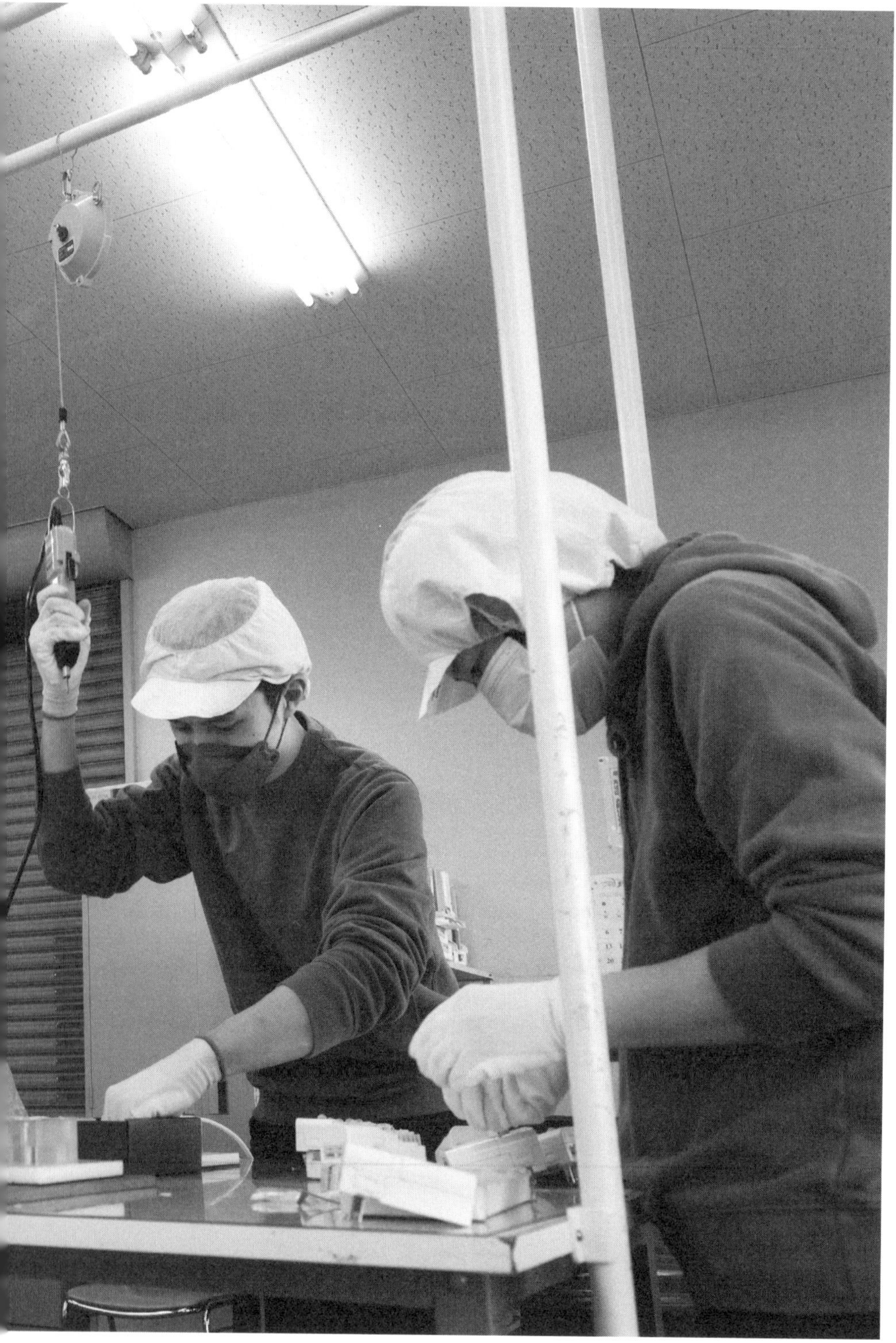

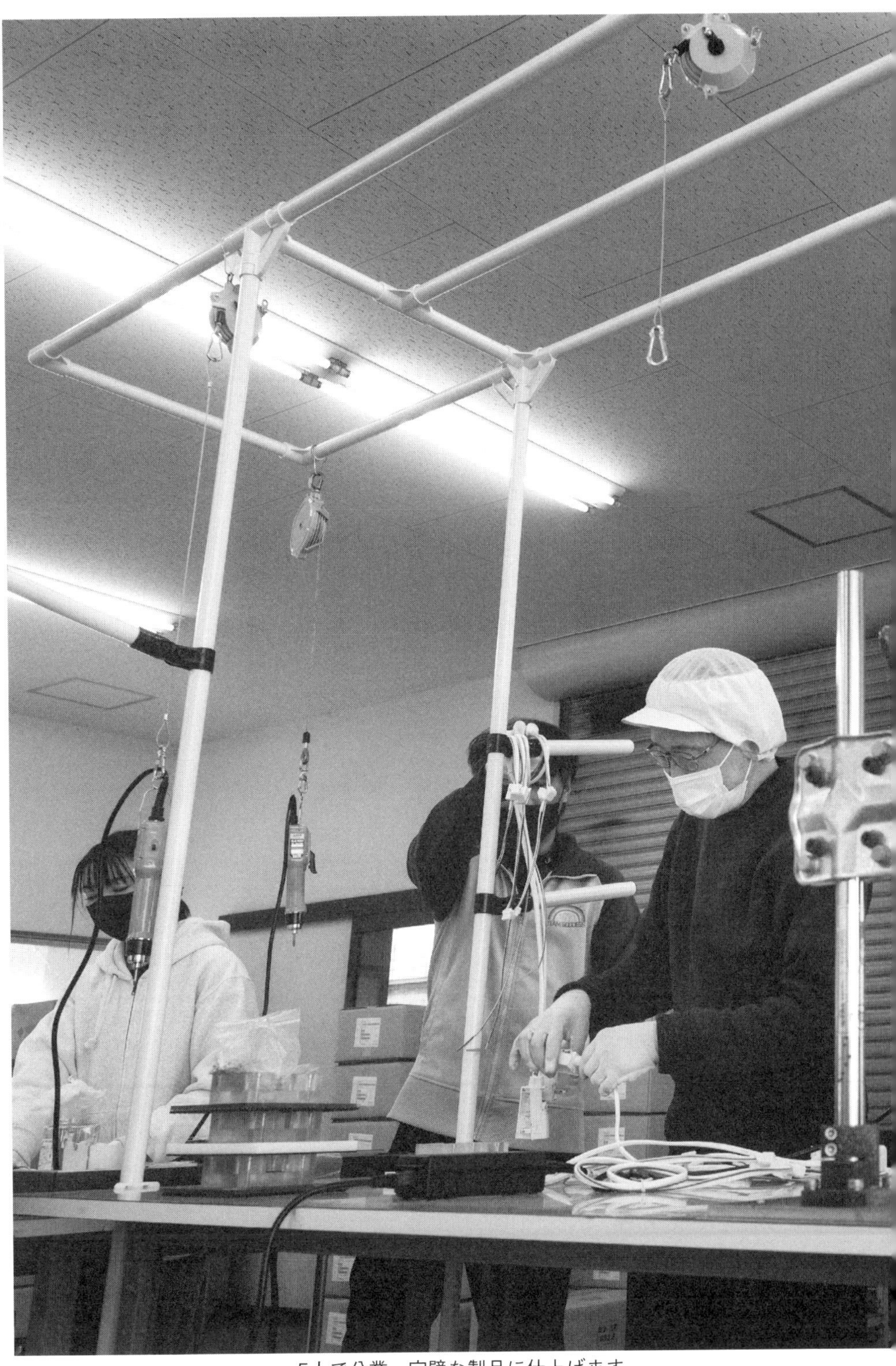

5人で分業。完璧な製品に仕上げます。

タオルギフトの箱詰めをしているみなさんと。

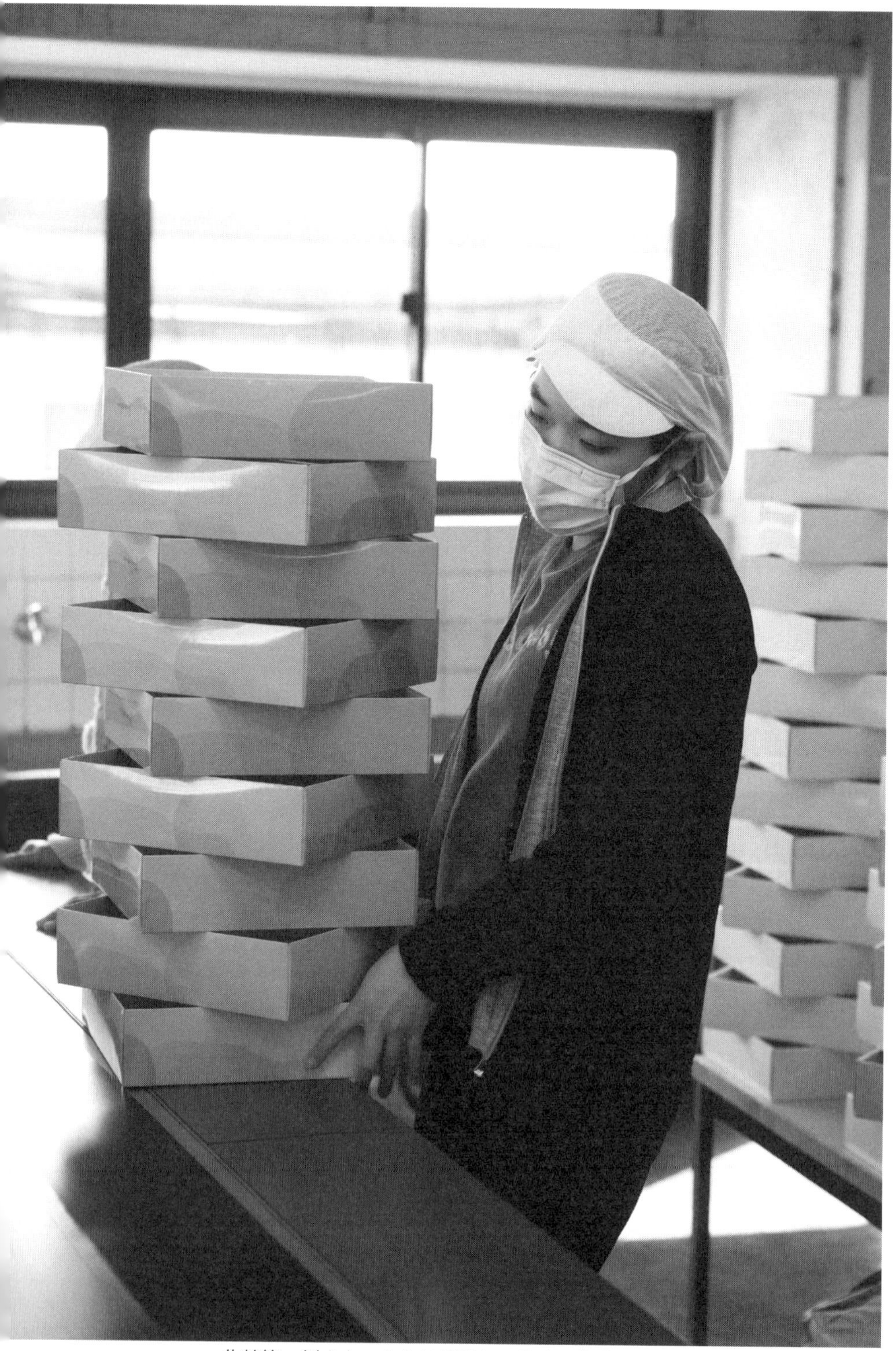

化粧箱。倒さないように慎重に。集中！集中！

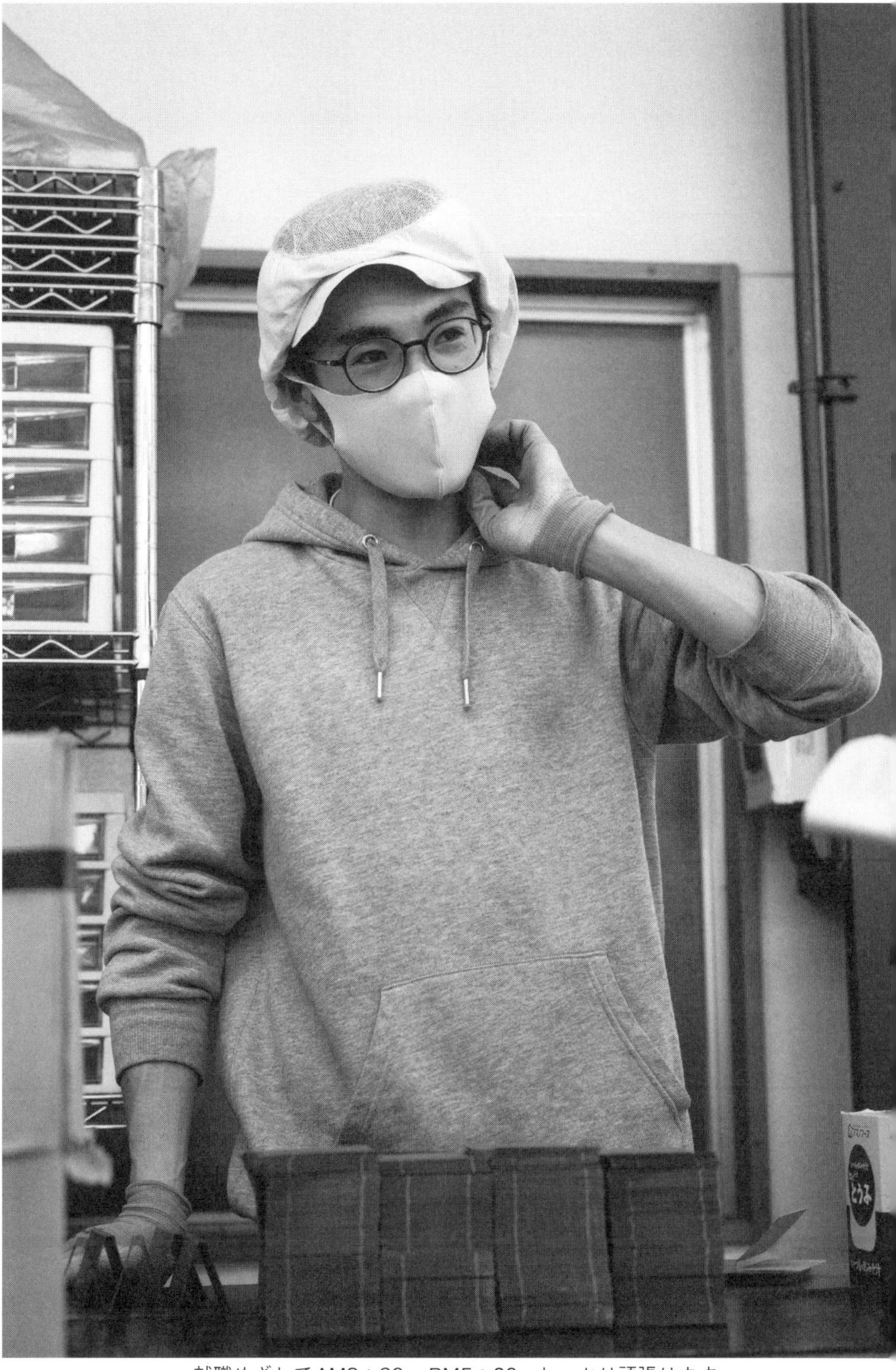

就職めざしてAM8：30～ PM5：00　しっかり頑張ります。

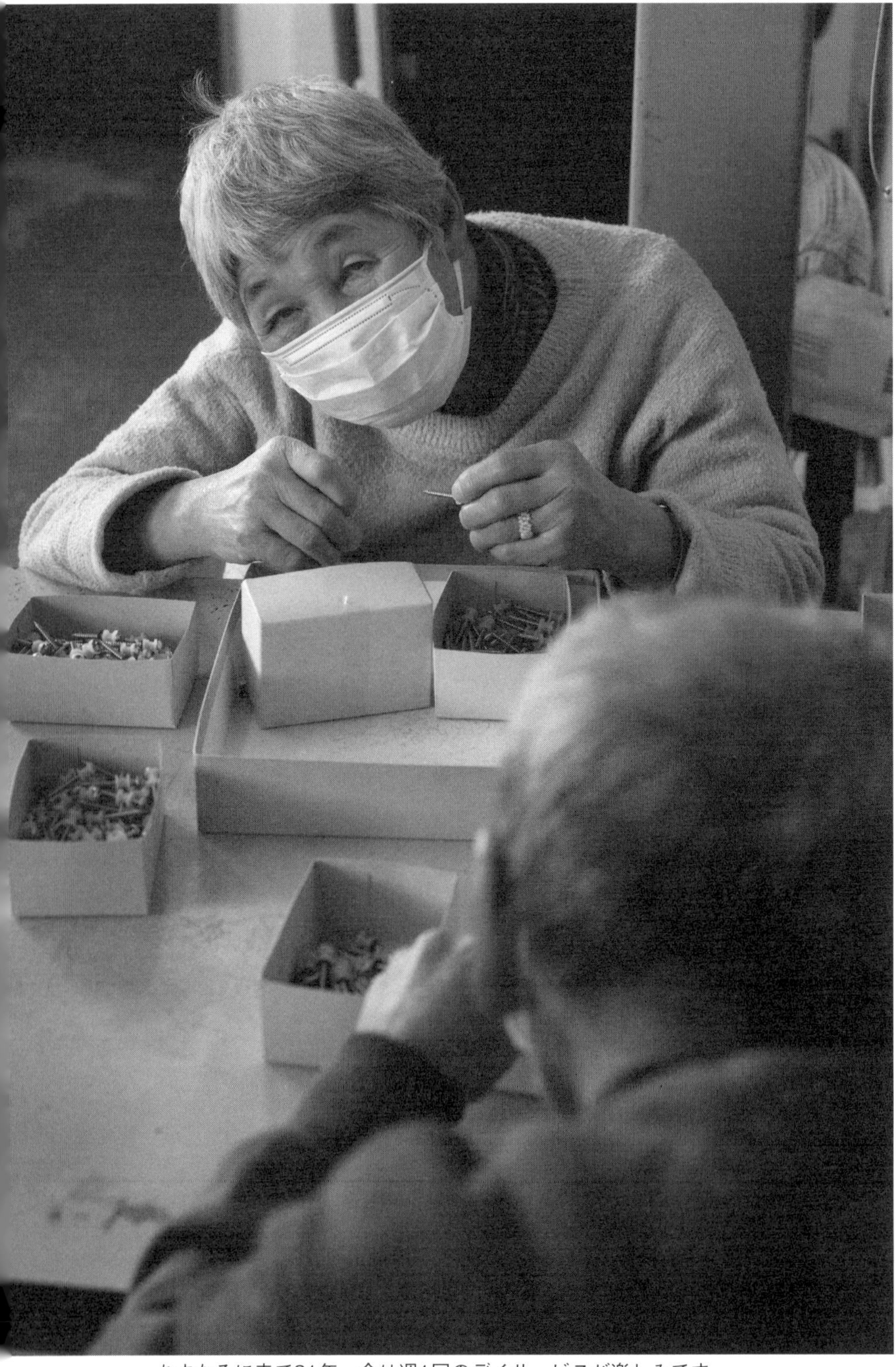

あすなろに来て31年。今は週1回のデイサービスが楽しみです。

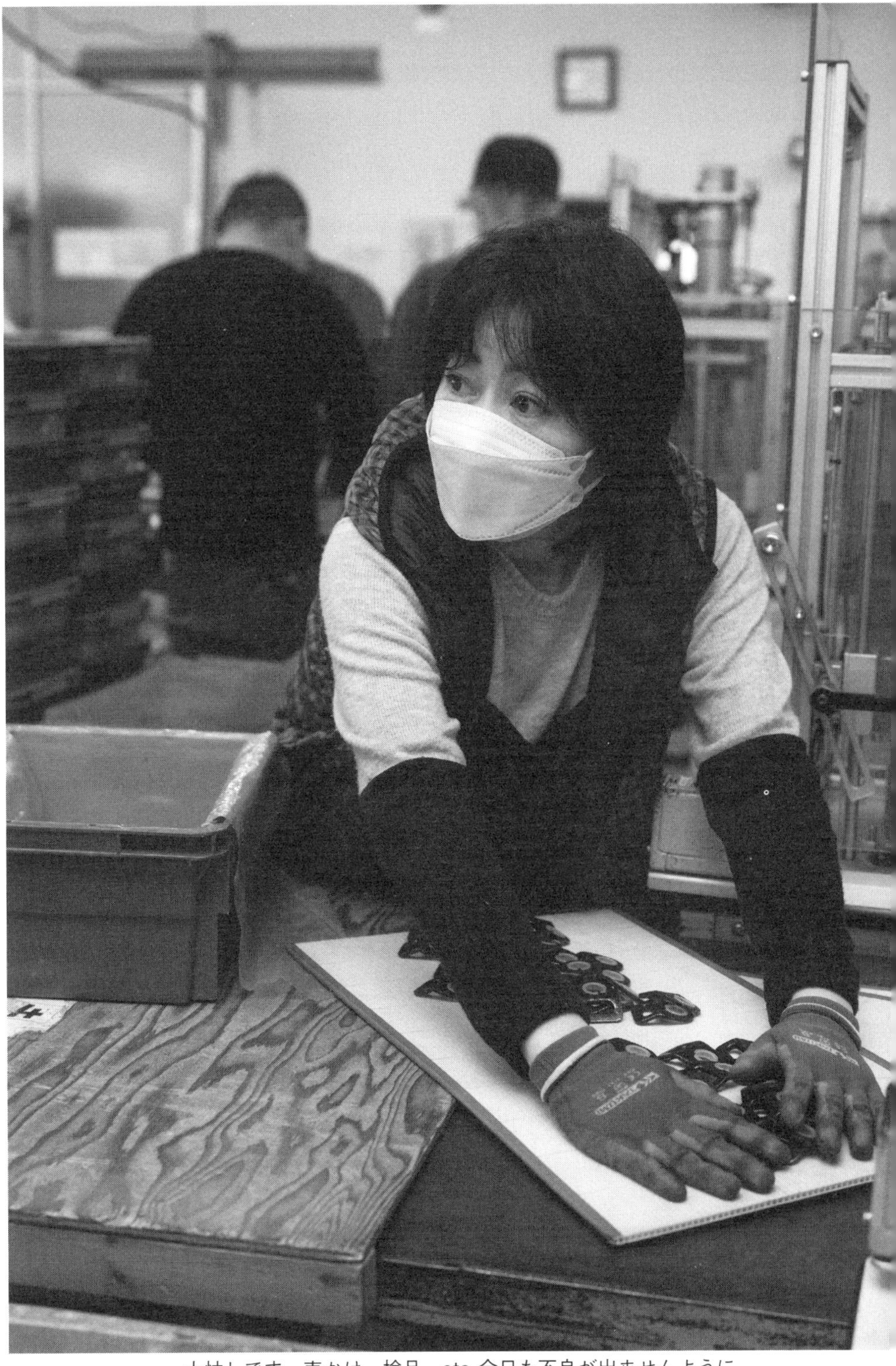

大忙しです。声かけ、検品、etc.今日も不良が出ませんように。

第2あすなろ園

第2章　精神障害のある人も雇用する
――障害を差別しない――

精神の障害者も受け入れてほしい

このように希望があれば障害のある子も雇い入れて、私は順調に工場経営を続けていました。最初の障害者の雇用を始めてから9年が過ぎた1975（昭和50）年、浅居製作所では知的障害だけではなく、精神障害の人の雇用も受け入れることになりました。

精神障害の人の社会復帰のため、病院からの外勤療法の受け入れ先になってくれないか？　と病院から要請があったのです。

しかし、精神障害の人の雇用を受け入れたことは、間違いなく、浅居製作所、のちのあすなろ福祉会にとって、一つの大きな転機になった、と思っています。

それはどんな障害であろうと、障害によって差別をしない、という基本的な考え方の確立でした。

障害には〈身体〉〈知的〉〈精神〉の3つの分野があります。

精神の障害は、この3つの分野の中でも、社会全体の理解や認識が最も遅れていました。福祉の施策としても最後の最後まで遅れていた分野だったと言われています。

なぜでしょうか？

私が思うのに、人間というのは、基本的に自分にとって訳のわからないものが〝怖い〟のです。

身体の障害というものは、身体の一部分が欠損しているとか、足が悪くて歩くことができなかったりとか、不自由さや障害が目に見えてはっきりとわかるものが多いです。知的な障害も、軽度から重度まで様々で、その人その人の個性ももちろんありますが、知的な発達が遅れているということではある意味、理解しやすいと思います。

ところが、「精神の障害」は、これらに比べて複雑でわかりにくいです。また障害が見えにくいということもあります。人生の途中で何らかの原因で障害になった人も多くて、記憶力など、ある決まった面では驚くような能力を発揮する人もおられます。一般の人々にとっては、何に問題があるのか？ どこに障害があって、どう接したらいいのか？ 理解しにくい面があるのでしょう。

そのうえ、強いこだわりや幻覚や妄想があったり、突然、気分が変わって不機嫌になって怒り出したり、特異な行動をとる人が多いのも精神障害の人の特徴です。

戦前には、障害のある人を自宅の奥の座敷牢などに閉じ込めていたような悲しい時代がありました。中でも特にその対象になっていたのが、精神に障害のある人たちでした。

戦後になると、このような私宅監置は禁止するという法律ができましたが、そのかわりに、彼らを病院に入院させて隔離保護するようになりました。病院に閉じ込めて社会から切り離したのです。

それから、ようやく時代がすすんで、人権を無視して病院に閉じ込めておくことはよくない、病院から地域に戻していこう、社会復帰させていこうという流れになりました。

豊郷町内の病院でも、長年入院していた精神障害の患者さんを社会復帰させるプログラムに積極的に取り組まれるようになりました。

こうした中で、浅居製作所に「入院中の精神の患者さんの、外勤作業療法の受け入れ先になってくれないか?」という要請があったのです。

そのとき、それが例えどんな障害であろうと、障害の種類で差別をしたらいけない、この人たちも立派に働くことができるということを証明してみせよう。そのことが、これまで障害のある人を受け入れてやってきた自分に課せられた新たな課題ではないかと感じたのでした。

「よし、やろう」

私は受け入れを決意しました。

……だけどそれは、あとになってからわかってくるのですが、決して並大抵な道ではなかったのです。

次の日から、来ない

病院が言うには、「10年、20年、人によっては30年、ずっと病院に入院しておられたのです。病

時代背景

1950（昭和25）年、「精神衛生法」が制定、

①精神病院の設置を都道府県に義務づけ、②私宅監置制度の廃止、③精神衛生相談所や訪問指導の規定、④精神衛生審議会（関係官庁と専門家との協力による精神保健行政の推進を図る）の新設、⑤精神衛生鑑定医制度、が創設された。これにより戦前のような私宅監置は禁止されたが、それは私宅監置にかわる〝病院〟に、患者を強制的に閉じ込め、社会から切り離すものだった。

その後、1965年の「精神衛生法改正」により、これ以降、「入院医療中心の治療体制から、地域におけるケアを中心とする体制へ」という流れが生まれたが、入院患者をはじめとする精神障害者の人権擁護のための対策はまだ十分ではなかった。

1987年、「精神保健法」が公布、精神障害者の人権擁護と社会復帰の促進が謳われる。さらに1995年の改正で、「精神保健及び精神障害者福祉に関する法律」（精神保健福祉法）に改名。入院患者の人権・権利擁護を尊重して、現在では社会的入院から退院促進に重きが置かれている。

WHO総会（2012年）では世界の50％の国々が2020年までに、国際・地域の人権規約に即して、精神保健法を制定または更新する決議がなされる。

院の中だけで暮らしてきた人たちです。世間とは一切、かかわりがなく、社会のことは全くわからず、社会経験のない人たちなのです。いきなり丸一日、働くことはまず無理なので、半日からスタートしましょう」ということでした。

正直に言って、それを聞いたとき、「そんなもんかな？」と思いました。

さて外勤療法期間が始まり、何人かが病院から浅居製作所に通って来られることになりました。精神障害の人たちは、こちらが丁寧に説明すれば、意外と作業内容をしっかり把握して理解してくれるし、思っていた以上に能力が高いということがわかりました。

「これは、そんなに、問題はないのでは？」

と私は思いました。

こうして半日勤務の1週間は順調に過ぎ、やがて10日間が経過しました。

もうそろそろ大丈夫やろ。いつまでも半日勤務ではダメだ。他の人と同じように一人前に働いてもらわないと。

私は、思い切って、よし、明日から一日の仕事に切り替えよう、と決心し、そのことを彼らに伝えました。

そして翌日。

「昨日、お話していましたように、今日からは、これまでのようにお昼までの仕事とは違いますよ。午後からも仕事をしてくださいね。がんばりましょうね」と。

とたんに、翌日から、誰も工場に来なくなりました。いっせいに職場放棄です。

それもほぼ全員一斉でした。

どうやら半日は大丈夫でも、午後からも仕事をする、まる一日は疲れてしまうのか、もたなかったようでした。

精神障害の人は長期入院によって、体力がついていなかったのです。

来ること、いること、作業をすること

また工場に来ても、一日中、ただただ椅子に座り続けているだけで、作業にまったく参加しようとしない女性がいました。

「座ってばかりいないで、あなたも仕事をしましょうね」

と声をかけて、作業することを促しましたが、無言でした。

すると後日、保健所から電話がかかってきました。

本人が役所に苦情の電話を入れたようです。

「自分は病気なのに、働け、働け、と強制される。とても苦痛だ」と。

病院に帰ってからも、病院でも同様の訴えをされたそうです。

「本人がそのように訴えておられます。改善してください」という内容でした。

まったく寝耳に水の出来事でした。

仕方がない。次の日から、

「わかりました。仕事をしたくなかったらしなくていいです。

ここに来て、一日、座って見ているだけでもいいです。そのかわりお給料も出せないよ」

ということにしました。

なかなか一筋縄ではいかないな……、と思いました。

工場に来たからといって、仕事をすることを強制させてはいけないようです。

とにかく工場へ来てくれる。来ることができる。それがまず大事だと、それができたことを評価しようではないか、ということにしました。これが1つめの仕事。

そして外に出ていかず、勝手に帰ってしまわずに、とにかく勤務時間内は工場のなか、作業場にいることができる。〝働く〟ことの基本は就業時間が守れることです。座って作業を見ているだけでもいい。それが2つめの仕事。

そして、作業をすることは最後の最後。コンベアの前に立って、作業ができるのは、３つ目の仕事だと考えましょう。

職員たちと何度も何度も話し合いました。

〈来ること〉〈いること〉〈作業をすること〉

まさに、一つひとつ、一歩いっぽでした。小さな歩みのくり返しでした。

波乱万丈の日々、ついに立ち退き命令が出る

そして、彼らは社会生活の経験がなく、常識の概念や社会性の訓練というものを受ける機会がまったくなかったためか、こちらが思ってもみなかったことをしたり、とんでもない事件が続出したのでした。

まず1人の男性が、２階の窓から、窓の外に向かっておしっこをしました。

さらに精神の障害は、人生の途中から障害者になった人が多く、煙草を吸われる、喫煙習慣のある人が多いのですが、煙草を吸い、２階の窓から麦わらの隣の家の屋根に向かって煙草の吸い殻を投げ捨てました。隣の民家との距離は2メートルほどしか離れていません。あわや火事になるところでした。

それらを近隣の住民に目撃されて、苦情が殺到しました。苦情は当然、行政にも届き、とうとう工場のあとの生活の場に立ち退き命令が出てしまいました。まさに波乱万丈の日々でした。

また地域の人にとっては、それまでまちなかを歩いている精神障害の人を見たことがありませんでした。独特の歩き方をする人や突然走り出す人もいました。子どもが追いかけられて怖い思いをしたとか、家の中をじっとのぞき込まれて気持ちが悪かったとか、地域からの苦情も続出しました。

そこで、小学生の社会見学のひとつとして、まず地域の小学校3年生を対象に、親御さんも一緒に呼んで、精神障害の人たちが働く工場を見学してもらうことにしました。見学が終わってから、親御さんに「今日、工場での作業のようすを見ていただいて、どうでしたか?」と尋ねると、「みなさん、一生懸命になって、がんばって仕事をしておられますね。びっくりしました」。そんな言葉をお母さんから口々に聞くことができました。

そんなことを1975（昭和50）年から3年間続けて、精神障害の人が働く工場のことを、ようやく地域の人にも理解してもらえるようになりました。

障害者専用の社員寮をつくることに
住宅助成「0001」、助成金を勝ち取る

さて工場のあとの生活の場に立ち退き命令が出されたので、工場の隣に宿泊施設を建設することにしました。もとあった工場の一部を改装して住宅仕様にし、アパートをつくったのです。

転んでもタダでは起きないのは、私の性分です。

というのも、外勤療法の期間を終えて、無事、病院を退院することができるようにはなったものの、その精神障害の人を、家族が引き取ってくれない、引き取りを拒否されるケースが続出したのです。

長い年月、病院に入院していて、家族との日常的な接触がなかったわけですから、無理もないことかもしれません。これまでは病院に任せきりだったところから、いきなり一緒に暮らして面倒をみろというのは親も大変だったろうと思います。中には親はすでに年老いて、兄弟の代となり、子どもが生まれて新婚家庭を築いておられる家もありましたから、そんな家庭に年のいった精神障害の兄弟を引き取れ、と言っても、ムリもないか、と察します。

しかし、彼らにしたら、きちんと安心して住むところを確保してあげなければ、せっかく病院を退院して、仕事に就き「よし、これからは毎日、がんばって働いて、自立していこう」という気持ちになっているのに、住むところの拠点がなくては、人間はがんばれるものもがんばれません。

1978（昭和53）年、当時としては全国でも珍しい障害者専用の社員寮として、雇用促進事業団から住宅助成金を受けました。承認番号が「0001」番でしたから、この制度を使って障害者の社員寮をつくったのは、おそらく全国でもうちが初めてだったようです。うちがやりはじめたから、はじめて制度として成立したのかもしれません。

けれども、建物を建てただけで、それで終わり、ではありません。彼らが夜間と休日、安全に過ごそうと思ったら、アパートに、世話人さん、いまでいうキーパーさん、そういう人をきちんと雇って、見守ってもらう必要があります。その費用を捻出する必要がありました。

そこで当時は、風呂なし共同炊事のアパートの平均的な家賃が2万円ぐらいだったので、その半額の、1万円を県が負担してくれるように交渉しました。さらに15人を雇ったら一定の補助が受けられる雇用主助成金を出してもらうように交渉しました。その助成金を世話人さんを雇用する費用に充てました。

このように、新たに2つの助成金を作っていただきました。

これらの制度はその後、全国に普及していきました。

相次ぐ脅迫・いのちがけの日々

こうして、精神の人も徐々に仕事に慣れて、工場の隣に住む場所もできました。

とにかく普通の、当たり前の社会生活を送ることが大事だという考えのもと、普段の日は工場でがんばって仕事をして、たまには工場を休業にし、みんなで遠足や外出に出かけたりしました。旅行にも行きました。

もらったお給料を貯金したり、必要なもの、自分の好きなものを買ったり、食べたり、自由にお金を使うことは当たり前に大事だし、それにはまず練習する機会が必要だからです。

こうしてみんなで行く外出や遠足や社内旅行などを楽しみに、毎日「がんばる」、という好循環が生まれてきていました。

ようやく毎日が順調に回転し始めたと思えたのですが、頭の痛い問題はまだまだ続いたのです。

この頃から、外部からのひどい脅迫や暴力、相次ぐ脅しを受けるようになったのです。

当時は工場の横に自宅があったのですが、自宅のポストに「家を燃やしてやる」と書いた手紙がしょっちゅう投函された時期がありました。

最初は原因がわからず、とにかく小学生になっていた2人の子どもたちにも危険が及んだら大変だ、と、念のため、放課後は母親が小学校まで迎えに行ったりもしていました。

私はというと、まさにいつ殺されてもおかしくない状態でした。私の父親が自転車で走っていると、向こうから大声で叫びながらやって来た男性に突き飛ばされて、田んぼに落ちたこともありました。

「ワーッ」と大声で叫びながら、凶器を手に襲いかかってこられたこともありました。

とにかく万一の場合に備えて、たとえ私が殺されても工場が成り立ってやっていけるようにと、多額の生命保険をかけました。


ところが、どうやらこうした脅しは、工場のみんなで旅行に行ったり、外出したり、何か特別なことをしたりする日に特に多く発生するのです。「留守の間に工場を燃やしたる」とか「家に火をつけたる」とかの脅しです。

どうやら、本来なら、こういう場所に来て、自分もみんなと一緒に楽しく働いて、それでお給料を得たいのに、来られずに鬱々としている人や、一般の企業で働いていて疎外され、精神的に負担に感じている人など、同じような精神の障害の人がやっているようだ、ということが、徐々にわかってきました。

つまり、ここで毎日楽しそうに働いていることや、遠足に行っていることなどが、うらやましいというのか、自分が抱えるストレスのはけ口にするというか、攻撃の標的になっていたようなのです。この頃はまだ精神に障害がある人の雇用を受け入れている場所は少なかったのだと思います。

あとは障害のある人を雇用しながらも、仕事の規模を広げて、どんどん工場を大きくしていったことに対する、何かしらの逆恨みとか妬みなんかもあったのか？　と想像したりします。

カップルの入所

Sさん夫婦は、共に知的障害があります。他の施設にいるときカップルになったので、その施設から退所されました。

双方の親がそれぞれに次の行き先を決めて、女性の方は大津に、男性は伊吹に、離ればなれになりました。琵琶湖の端と端です。でも2人がお互いに相手に会いたい気持ちは止められません。女性のほうが障害が重く、切符を買って電車に乗ることなどは到底できません。するとタクシーを使って会いに行かれるのです。1回につきタクシー代が何万円もかかります。それを何度も何度も繰り返すので、親御さんがこれはたまらん……ということになり、人を介して、うちに相談に来られました。

そこで2人一緒に暮らしてもらって、うちで仕事をすることになりました。双方の親の希望で、籍は入れないけれども、夫婦として暮らせるようにしたのです。

うちには社員寮がありましたが、他の入所者の手前、カップルでそこに住んでもらう訳にはいきませんので、工場の2階に、新婚用の部屋を一部屋つくって、そこで生活してもらうことにしました。日中の仕事はそれぞれ別の作業場です。

やれやれ、これで2人一緒に仲良く暮らせて、めでたし、めでたし、か？　と、思いきや、なかなかそうは順調にはいきませんでした。

毎日のように派手なケンカをして、夜中や明け方4時頃にうちの家の玄関までやって来てはチャイムを鳴らし、大声で相手に対する不満を訴えにやって来たのは、一度や二度ではありませんでした。

ケンカの原因は2人で住む家がほしい、ということでした。

そこで彼らは自分の財産で、あすなろの敷地内に一戸建ての家を建てて2人で暮らすことになりました。あれから40年が経ち、今は、身体が弱ってきて、交替で入院したりしているので、お互いに相手の身体をいたわるようになっていますが、年をとって頑固になっていく反面もあり、口ゲンカはあいかわらずのようですが。

この2人は、若い頃には、GWなどのお休みには、職員がお手伝いして計画を立て、切符の手配や宿の予約などを援助して、当日は2人だけの旅行を数十回、楽しまれたりもしていました。2泊3日で長崎や石川や和歌山などに旅行して写真を撮ったり、楽しい思い出をつくりました。

彼らは私の恩師

私がいつも研修などで、うちの職員にも言い続けていることは、「障害のある人たちと一緒に仕事をすることで、私は彼らから学んだことがいっぱいある。障害のある人たちは、私らの先生、恩師なんやで」と。

どういうことかというと、いつも彼らはいろんな問題を抱えています。誰かがとんでもない問題を起こしたりします。初めて直面すること、知らなかったことがあります。病気のことや、行政の制度や、法律を勉強しないといけないこともあります。けど、私はなんとかしてその問題を解決していかなければならない。なんとかして、それに対するいい答をみつけ出さないといけません。

つまり彼らはいつも問題を提起してくれる、私に課題を出してくれているのです。

私はあれこれ考え出し工夫をして、それに対する回答を出さないといけない。

そのことで私自身、法人自身が一歩前進して、成長して、前に進むことができるのです。

そうして〝課題〟を私に出してくれるのだから、彼らが先生で、私たちが生徒なのです。

障害のある子らは私の恩師なのです。

Column

子どもの頃、工場の行事がわが家のレクリエーションだった　浅居　孝（現・理事長）

僕が一番小さかったときの思い出は、工場の2階が自宅で、そこに僕たち一家が住んでいた頃です。学校から帰って来たら、家のまわりには障がいのある子たちがいるのが普通でした。まるで本当の兄弟のようにして育ちました。

工場の隣に家を建ててからも、工場も寮も全部、家の近くです。道を挟んですぐ目の前です。だから深夜でも、明け方の4時とかでも玄関のピンポーンが鳴って、彼らが何かを訴えにやってくることなどは、日常茶飯事で、しょっちゅうでした。

父が材料を取りに行くときや納品に行くときは、車に乗せてもらって、それが親子のだんらんであるドライブでした。工場から社員旅行に行くときは、僕ら子どもも一緒に連れて行ってもらいました。それが家族旅行です。みんな一緒です。我が家の行事はすべて工場の行事とイコールでした。休みの日に川に遊びに行くのもバーベキューをするのも一緒。ものごころがついたときからずっと彼らと同じ環境で育ってきました。

だから成長して、学校を卒業してから、まず株式会社浅居製作所に就職し、あすなろで働くことについては、何も違和感はありませんでした。

悲しい出来事もありました。兄（長男）が16歳のとき、交通事故で亡くなったのです。そんな悲しみを家族で乗り越える中で、ますます私は父の志を継ぎ、一家で団結するようになっていったのでした。

暮らす

お疲れ様。今からお家へ送ります。

グループホームあすなろのみなさん。

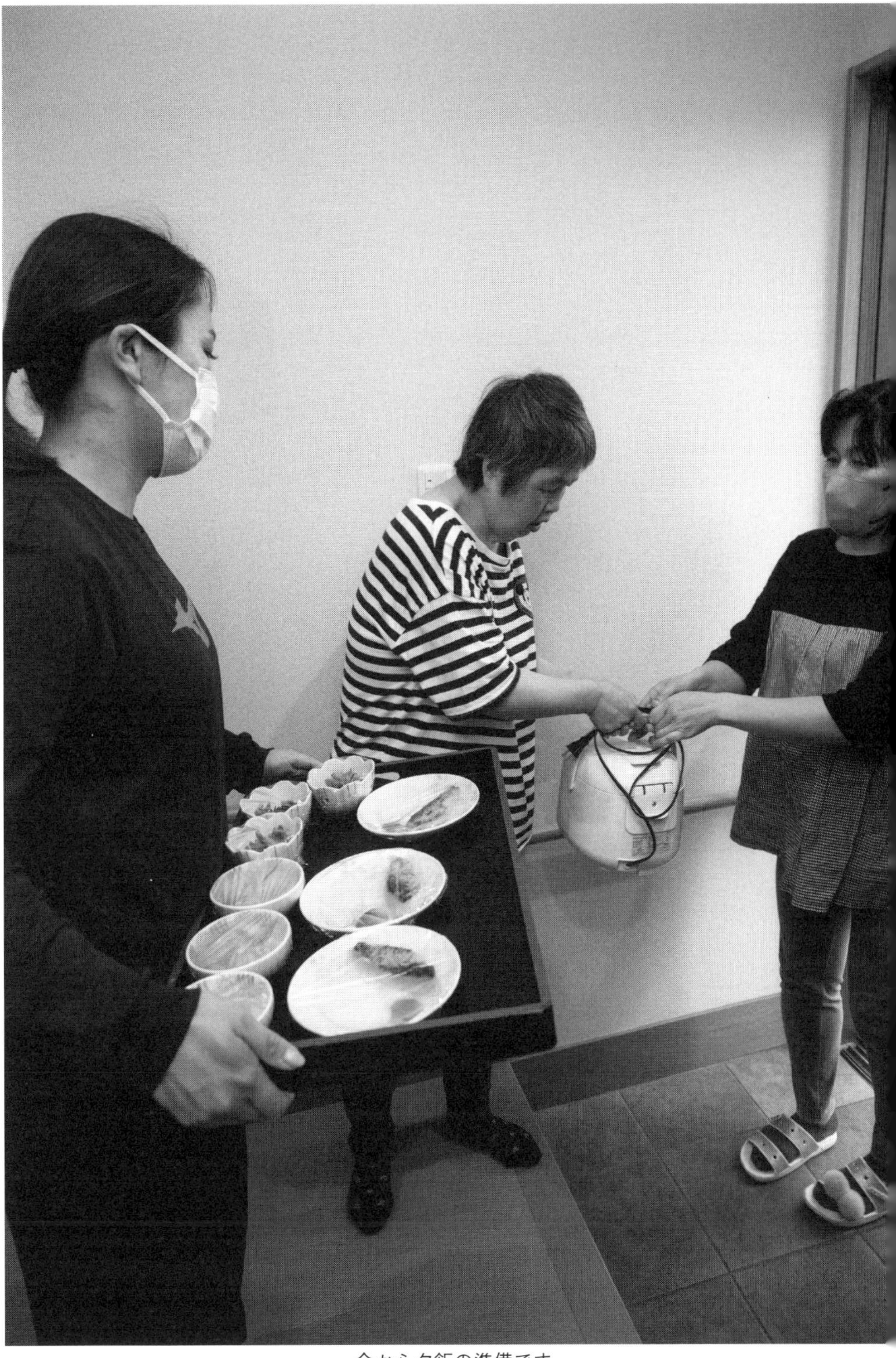

今から夕飯の準備です。

ごはんの量はこれでいいかな？

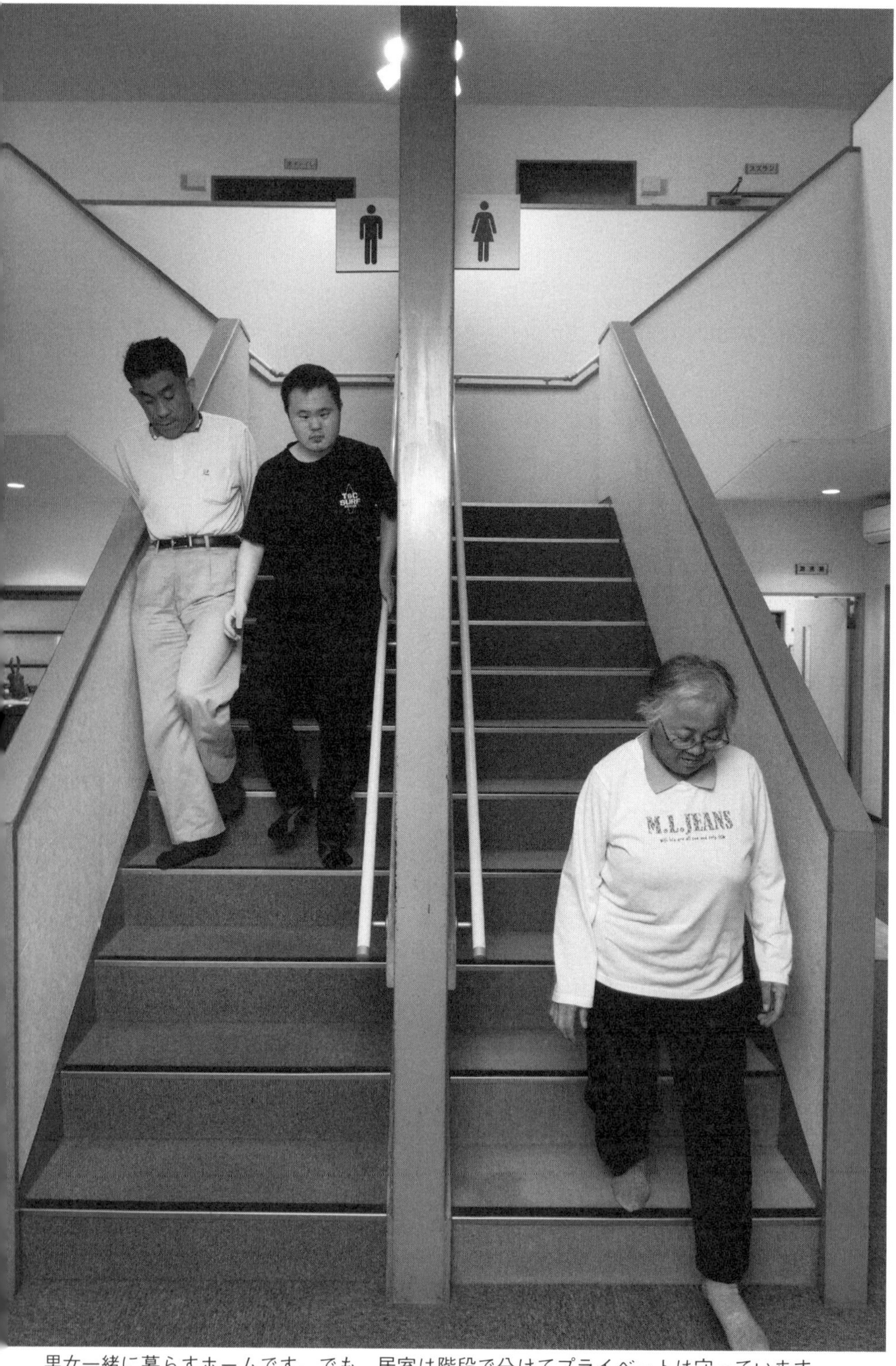

男女一緒に暮らすホームです。でも、居室は階段で分けてプライベートは守っています。

ゆっくり団らんのひととき。

23歳と86歳　同じホームで過ごしています。まるで、祖母と孫のように。

自分たちのホームは自分で守ります。きれいに過ごすも過ごさないも自分次第。

２人で建てた自宅前にて。

結婚して40年、いつまでも幸せが続きますように。

僕の部屋　なかなかきれいに片付いているでしょ。

第3章　雇用から福祉事業へ

——「社会福祉法人あすなろ福祉会」の出発——

共同作業所の開所

１９８６（昭和61）年。

精神に障害がある人の雇用を受け入れるようになって11年が経っていました。一番最初に知的障害の子を雇い入れた日から数えると、ちょうど20年の歳月が経過していました。いつの間にか、障害のある人の雇用は全体の８割を占め、その人数は45人になっていました。

この年、はじめて福祉の法律・制度に基づき、障害のある人たちの働く場所を確保する福祉施設、「無認可小規模作業所　あすなろ共同作業所」を開所させることになりました。

福祉事業への第一歩を踏み出すことになったわけです。

作業所を開所したのは、障害のある子どもたちの親の会、「手をつなぐ親の会」（現・手をつなぐ育成会）の数人の親からの要望を受け止めたものでした。

その背景には、１９７０年代後半に実施された養護学校の義務化があります。

それまで「就学猶予・免除」という体裁のいい言葉で、実際には障害のある多くの子どもたちが教育の場から排除され疎外されていたのが、養護学校義務化によって、障害のあるすべての子どもに就学が保障されるようになりました。それは同時に、障害をもつ我が子の学校卒業後の行き場所

作業所関連社会背景

1960年代から、全国に無認可共同作業所が数か所、誕生しはじめる。

1979年、養護学校が義務化され、同時に学校卒業後の行き場問題が顕著になる。

1980年～1990年、無認可の小規模作業所が全国に相次いで開所する。

探しにも、親たちを向かわせていくことになったのです。

障害のある子どもたちが養護学校を卒業したあとの行き先・受け入れ先として、「福祉の立場で運営する〝作業所〟をつくってほしい」という親たちの要望は豊郷町にも届き、行政からも作業所開所の要請がありました。しかし町は、うちに「作業所をやられたらどうですか？」とは言ってくるものの、つくる資金については出そうとはしません。そこで建物については自前で建設して、その後の運営については県の補助金制度を受けることになりました。

私が１９６６年に、まだなんの制度もなく、福祉という概念さえ世間に行き渡っていない時代に、初めて、知的障害のある子を雇い入れた、あの日から20年が経過していました。

20年経って、ようやく世間が、時代が、追いついてきたな、という感じがしました。

私は50代になっていましたが、いよいよこれからだという思いでした。

あすなろの名付け親は、当時の滋賀県知事、武村正義さんです。

あすなろの木は、丈夫で成長が早く、空に向かってまっすぐに、すくすくと伸びていきます。立派な檜によく似ていますが、檜ではありません。そこで「明日は檜になろう」「明日はなろう」ということから、「あすなろ」と呼ばれています。〈未来〉や〈希望〉、〈成長〉といった願いを込めて使われていることが多いです。

いただいた名前でしたが、うちにぴったりだと思い、その後も定着させました。「あすなろ共同作業所」という毛筆直筆の看板が、今でも残っていて、あすなろの礎になっています。

武村元知事はここに直接二度、足を運んで下さいました。

社会福祉法人としての出発

1988（昭和63）年。

あすなろ共同作業所の設立から2年後、私は大きな決断をすることになります。「社会福祉法人」をつくったのです。「社会福祉法人あすなろ福祉会」の設立です。

これは大きな転換点であり、ここからいよいよ、現在に至るまでにつながっていく本格的な福祉施設としての歩みがスタートすることになります。

これまでは一企業、浅居製作所として、障害のある人を、「雇用」というかたちで従業員として雇い入れていたわけですが、事業の基本形態を、会社経営から福祉事業へと転換したわけです。

福祉法人化に踏み切る決断に至ったのには、大きな理由がありました。

私はこれまで、世間にまだ福祉の制度がなかった時代から、浅居製作所という会社の「雇用」というかたちで、障害のある子たちに働く場所づくりと生活の場所の提供の実践をしてきました。

一時的に居場所をつくるだけなら、この先も、会社雇用でやれたのです。

障害のある子たちを社員として雇い入れて、能力に応じて仕事をしてもらう。それでなんとか利益を上げて、わずかずつでもお給料を出していくことは会社経営でもやっていけたのです。

ただし、それは景気のいい時代が永遠に続くならの話です。つまり、企業の経済活動というものは、必ず景気に左右されます。景気のよい時期はいいのですが、いずれバブルが弾けて、経済が低迷し、浅居製作所で受注できる仕事の量が減るときがくるかもしれない。そのときは彼らのクビを切らないといけなくなります。そういうときが遅かれ早かれ必ず訪れる、と以前から予想がついていました。

せっかく苦労して一緒に築いてきた大切な居場所、彼らにとっての働く場所から、いつか彼らを追い出さざるを得ないような事態になりかねない。それだけはなんとしても避けたい、と恐れていました。しかし、会社経営をやっていく以上、景気の良し悪し、経済の動向、会社の経営状態によって、社内の人員整理をしなければならないのは、避けようがないことです。

その点、もし福祉事業としてやっていくのなら、国や県の制度にのっとってある程度の整備をすれば、一定の助成金を受けることができるので、景気の良し悪しには関係なく、安定してずっと彼らに居場所、働く場所を提供し続けることが可能になるわけです。

さらに雇用の場合は、ある程度、仕事のできる、能力のある子しか雇い入れることができなかったのが、社会福祉法人になれば、実際には仕事をすることが困難な子でも、ここに通ってくることだけでも補助が受けられます。つまり、障害の重い子にも居場所、働く場所をつくることができるようになるわけです。

このメリットは大きいです。これまでは障害の軽い子、軽度の子しか受け入れられなかったのが、重度障害の子も引き受けることができるようになるわけです。

こうして、いろいろな人からの知恵も借りながら、私は社会福祉法人化を進めていったのです。


私の立場は〈浅居製作所〉の〈社長〉から、〈社会福祉法人あすなろ福祉会〉の〈理事長〉へと変わりました（その後、理事長職は息子に継承して、現在、私は〈法人顧問〉となっています）。

もっとも、最初からずーっと在籍している子らは、いまだに私のことを、理事長でも顧問でもなく、「しゃちょさん」「しゃしょーさん」などと呼んでいます。

やっていることの中身そのものは、今も昔も、そんなに変わりないわけなのですが……。

Column

子どもらの成長は法人と共に

浅居　孝（現・理事長）

顧問（父・浅居茂氏）が豊郷町に帰ってきたとき、まだ1歳だった私は、ここで障害のある人たちと兄弟のようにして育ち、やがて成人、結婚。

福祉施設第1号のあすなろ共同作業所ができた1986（昭和61）年、この年は、ちょうど私に長男（浅居茂氏の孫）が生まれた年でした。それから2年後の1988（昭和63）年、社会福祉法人にした年に、二番目の息子（浅居茂氏の孫）が生まれました。

だからそれ以降の法人の歩みは、2人の息子たちの成長の歴史と重なっていきました。

いまでは息子は2人とも成人し、あすなろに就職し職員として働いています。長男は老人ホームに、次男は障害施設にいます。

理事長の息子、顧問の孫だからといって特別扱いではなく、役職ではありません。一職員と同じように夜勤もして毎日がんばっています。

私に違和感がなかったように、息子（孫）たちは2人とも、ここで働くことについては当然、と考えていたようです。

法人の新しい拠点の建設工事——2億5000万円の借金

第1号の作業所が開設してから、社会福祉法人がスタートするまでの2年の間、現在の場所への移転工事がはじまりました。

まずは土地探しです。どこかにいい土地はないものかと町全体を見渡していると、宇曽川のほとり（現在の場所）に広い土地があることが目につきました。

宇曽川は、以前は、うんそう川と呼ばれていました。おそらく「うんそう川」がなまって「宇曽川」になったのではないかと思います。

豊郷町のこの周辺には、江戸時代に近江商人として栄えた又十屋敷や、井伊直弼の米蔵がありました。それらの屋敷の裏口まで、蛇行しながら引き込んだ川やため池によって、水上輸送を担っていたのです。それが昭和に入ってから県の土木事業として、大規模な改修工事がおこなわれ、現在の宇曽川となりました。

最近でこそ、土手近くまで家がたくさん建っていますが、当時は川の横の土地は田んぼで、せいぜい墓地があるだけでした。墓の前は竹やぶで、いわゆる土留めをしていました。こんな広い土地は他には見当たりません。

なかに知り合いの田んぼがあり、「それなら、うちの田を買うてくれ」と言われて一番最初にまずそこを買い取ったのが始まりでした。すると、あとからあとから、次々と「ワシとこも」「うちも買うてくれ」とみんなが売りに来ました。もともと道のついていない田んぼで、機械化する前ならそれでもよかったのですが、よその田んぼづたいでなければ入れない、耕運機が入らない不便な田だったのです。

こうしてだんだんと建設用地が広がっていきました。現在ある道路は、うちが建設したときにつけたものです。

ところが問題がありました。この土地は川の土手から低い場所にありました。子どもの頃の記憶では、宇曽川はよく氾濫を起こしていました。大雨が降ったら必ず土手が崩れるのです。水がつくことを知っていたので、土手の高さまで地面を上げなければ建物は建てられないと思いました。少なくとも5メートルは上げないといけません。

でも資金的にそんな余裕はない。どうしたものかと考えていたところ、たまたま土建屋が工事で出た土を山にいったん置きにいくところを見かけました。そこで「その土、ここに捨ててや」と声をかけました。

土建屋は工事で出た土、残った土などのいわゆる残土を、お金を出してわざわざ捨てに行かないといけないのです。その土をここに捨ててくれ、と言ったわけです。この辺りでは最も大きな業者だったので、それを話すと、そのあとはあっちからもこっちからも、「うちも土を捨てさせてほしい」と言ってきて、5メートルはあっという間に埋まりました。しかし工事で出た土はあまりよくない土もあり、あとで地盤が下がってくることもありうるので、上から30センチだけはいい土を入れてもらうような約束で、埋め立てることができました。

こうして埋め立てはお金をかけずにやれたのですが、土地の買収や建設費用で、私はこのとき2億5000万円の借金をしました。

この頃はまだ毎日、「殺したる」と脅迫状や脅しが続いていた時期でしたから、いつ私が死んでもいいように、私は自分に多額の保険をかけていました。

完成したとたん、京都や奈良から施設を見学したいという人が次々と観光バスを乗り付けて、やってきました。当時は、精神障害者の作業所は滋賀県では初めてで、京都にもなかったからです。

夢のまた夢

法人をつくろうと準備をしていた頃、私は県によく足を運んでいました。

あるとき、私が「障害の差別なく、誰でも入れて、安心して働ける」そんな理想の施設がつくりたい、と語ると、県の担当者からは、そんなことは「夢のまた夢や」と言われてしまいました。

その理想に該当するような法整備がほど遠いためです。特に知的と精神の間には大きな差がありました。

法人化して、新たに精神障害者の授産施設、精神の人の作業所の建物をつくったときも、施設建設に際しても、知的と精神の、法律の壁にぶちあたりました。たとえば知的の方は冷暖房設備が付けられるのに、精神障害の方は、暖房は認められるけど、冷房はつけられないというのです。食事も精神の方は昼食は自分たちでまかなってもらう、というものです。知的障害は冷暖房があってお昼も食事が出る。精神はダメ。そんなおかしな法律だったのです。

そのことについて、滋賀県に苦情を言いに行ったら、ムリだと言われました。精神障害に対しては法律がそうなっている。法律がないことはできません、というのです。

同じ敷地内でやっていくのに、知的と精神を差別するような、そんなことはできない。「知的の子は、法律があるからあんたらは涼しいところで仕事をしなさい、精神の子は、法律がないから、あんたらは冷房もない暑いところで仕事をしなさい。そんなことを私はよう言わん。だからあんたらが来て、彼らに説明したってくれ」と言いました。

そうしたら県は「わかりました。エアコンだけは付けましょう」ということになりました。こうして県の単独事業として補助金が出るようになりました。

おかしいと思うことには、一つひとつ、おかしいと声を上げなければ何も変わっていかないのです。

緑を植える、環境整備活動

こうして1988(昭和63)年10月には3軒めの生活ホームが開所し、1989(平成元)年には知的障害者授産施設あすなろ園、1990(平成2)年には精神障害者生活訓練施設あすなろ寮とあすなろ福祉ホーム、精神障害者授産施設第2あすなろ園の3か所が開所しました。

この頃は、休みの日になると息子(現・理事長)と2人、岐阜県にある市場に木の苗を買いに行き、ひたすら植樹をしました。当法人のシンボルであるあすなろの木をライオンズクラブが寄付してくれましたが、その他の樹木はすべて、自分たちで買いに行き植木屋にも頼まず、自分たちの手で植樹しました。「木があるけど、いらんか」と声がかかると、軽トラックにユンボを乗せて、弁当持参で、自分たちで木を起こしに行きました。

当分の間、休みの日の仕事は植樹でした。

なぜかというと、こういう新しくできた施設はえてして、建物だけで無機質なことが多いものです。だけど、人間は誰でもそうですが、特に精神の障害者の人は気持ちが落ち着くことがとても大切です。ホッとできるような環境。緑が多いことは、緑が作り出してくれる空気で少しでもリラックスできるはず、と思いました。石などもレッカー車を借りてきて、自分たちで配置しました。

ところで、うちの施設の完成より3年ほど前に、隣に町営の体育館ができていましたが、周辺が雑草だらけになっていました。そこで自分たちの施設だけでなく、周りもきれいにしよう、ついでにお墓のまわりもきれいにしようと、みんなでボランティアをすることにしました。最初の年は職員と利用者で丸1日かかって2トンダンプになんと70台の草を刈りました。それ以降、12年間、年に一度、ボランティアで草刈りをしていました。

ボランティアを始めて2年目のときのことです。体育館の前の草を刈っていたら、銀行の職員がバレーボールの試合かなにかで来られていて、こちらは汗だくになって暑い中、外で草刈りをしているのと目が合ったのに「ごくろうさま」どころか「こんにちは」も言わない。

それで、銀行の外交員が来たとき、怒鳴りつけた。

「支店長に言うとけ！　おまえとこは、社員に一体どういう教育をしてるんや？　汗かいてボランティアで草刈りしてるのに、あいさつひとつもできんのか！」と。そうしたら支店長が慌てて飛んでやってきて、「来年からはぜひ、私たちも草刈りボランティアの仲間に入れてください」と言うのです。

とまあ、そんなことでボランティアに参加する団体が増えていって、とうとう２００１（平成13）年からは町が音頭をとって「クリーン作戦」という名前をつけてやるようになったのです。

株式会社浅居製作所は存続させる

社会福祉法人ができて、一方、浅居製作所としての会社はどうするか、ということですが、結局、浅居製作所はそのまま残しておくことになりました。

なぜ残したか、というと、あすなろ福祉会ができたときに、あすなろ福祉会の名刺を持って、あちこちに下請けの仕事を取りに営業に回ったのです。すると、これは、今もほとんどその事情は変わっていませんが、福祉の作業所には、単純な作業、急ぎではない仕事、単価の安い仕事をまわすというような社会全体の無言の了解があることに気づいたのです。つまり、福祉の看板で行くと、単価の安い仕事しか取ってくることができないのです。

今でもそうですが、直接、あすなろ福祉会に電話をかけて、下請けを打診してくる仕事はホンマに単価が安いのです。「バカにしているのか？」というくらい安い仕事です。

「作業所って、9時半から仕事を始めて、3時にはもう終わってしまうのでしょう？」

「いつ仕上がるのか、納期もはっきりと確約できないし、急ぎでない、いつでもいい仕事しか出せないでしょう？」

そんなイメージがずっとつきまとっているのです。作業所は、仕事ではなく、福祉なのです。作業単価は世間の相場から大きくかけ離れていて、かなり低いのです。

うちは、仕事はこれまでずっと会社としてやってきましたし、就業時間は、朝8時半から夕方5時までの一般企業です。仕上がり期日も、納品日もきちんと守る。一般の企業と比べて、なんらひけはとっていません。

それで結局、浅居製作所という会社の名前で仕事を取らなかったら、単価のよい仕事が取れないということがわかったのです。

その代わり、品質も守るし、時間や納期も今まで通りきちんと守って、あくまでも一般企業として仕事を受ける。そのためには浅居製作所の看板は残しておく必要がありました。

浅居製作所として受注した仕事を、あすなろ福祉会に下請けに出す、という関係を今もずっと続けています。

作業所にしてはたくさんの仕事量を確実にこなし、品質も単価も高い。うちにしかできない仕事を維持している。これはあすなろの誇りです。

就業時間、障害年金、家族

お恥ずかしい話ですが、障害のある子らには、障害年金というものが出ているということを、実は私は長い間、知りませんでした。

社会福祉法人になって、いろいろと勉強をする中で、やっと障害年金のことについても知りました。

彼らには浅居製作所時代からずっとお給料として、1人につき、月3万円を支払っていました。給食費を差し引いても、自分で自由に使えるお金が手元に残るように、苦心して捻出していたのです。

「あれ？ そうしたら、その年金はどこにいってるんや？ どこに使われていたんや？」と正直、不思議に思ったのです。

そこで、法人化が始まった1988年4月から1か月が経ちゴールデンウイークが始まる前に保護者会を開いて、保護者に「障害年金のお金は何に使っているのですか？」と聞いてみました。そして返ってきたその答えに、正直に言って衝撃を受けました。

どうも障害年金というものは、障害のある子がいる家庭では、家の収入として、家の生活費に使われているのが普通のようなのです。「それで毎年、固定資産税を払っている」という家庭もありました。障害年金が一家の生活を支えている、という家庭も少なくないようでした。

私は、「彼らのお金は彼らのことで使ってやってくれ」と頼みました。「使うことがなければ、将来のために彼らの名義で貯金をしてやってほしい」と。障害年金はこの子らに対して、国から出ているお金やと。

そうしたら、あるお母さんが言いました。

「そんなことを言うけど、私らかて、若いときからまともに働きたかったけど、障害のある子が生まれて、家でこの子のめんどうをみなあかんから働きに行けんかったんやないの」と。

「年をとってから十分な年金をもらおうと思ったらパートではなく正規の働き方をせんとあかんかった。障害のある子がいて、まともに働けんかったんやから、収入も少なくて苦しかったし、年いってからの年金も少ないんや。障害年金を、家族が生活のために使って、どこが悪いの？　それは仕方がないこと、あたりまえと違うの？」と。

……なるほど、それももっともな話だと思いました。

「私ら、障害児の親も、働きに行きたいわ。それを言うなら、作業所になってからも、朝8時半から夕方5時まで預かってほしいわ」と言われました。

それを聞いて、それ以降、あすなろ福祉会では8時半から5時までを就業時間とすることにしました。

企業としてやっていたときは、就業時間はずーっと朝8時半から5時までだったのです。なんとかして少しでも稼ぎをあげないと彼らへの給料が確保できませんでしたから。しかし、作業所になってからは補助金が出るようになりました。一般の作業所では9時から3時までのところが多く、3時になったら作業を終えて、職員が送迎して、帰ってきた職員の仕事が5時に終わるようになっています。あすなろ福祉会でも福祉法人になってからは、作業時間を9時から4時までにしていましたが、保護者からすれば、それはどうやら不満だったようです。

それなら、と、企業のときと同じように8時半から5時までに戻すことにしました。結局、9時から4時の就業時間を実施したのは1か月間だけでした。

職員数もまだ少なくて、送迎車も1台だけだったので、息子（現理事長）が、この頃はまだ、あすなろではなく浅居製作所の仕事をしていましたが、3年間、浅居製作所の仕事が始まる前と終わってから、残業代なしの無償で、毎日朝晩、送迎の運転をしてもらいました。

作業所は、親が働けるような時間、開所して、預かることを保障しよう。

その代わり、「彼らのお金は彼らのことに使ってほしい」

その思いをますます強く持ったのです。

一つひとつの積み重ね

自動販売機は、設置そのものが収益になるから、と今はどこの作業所でも設置を推奨されるようになりましたが、あすなろでは法人化した1988年から、施設の中に早々と自動販売機を設置していました。これは当時としては画期的なことでした。

保護者から「障害者だし、本人にお金を持たせたことはない。自分でお金を使った経験はない」と聞いたからです。せっかく自分で稼いだお金なのだから、自分の好きなことに使えるようにしたいです。しかし、いきなり大きな額の買い物を自分ですることはできない。毎日、自動販売機で自分の好きな飲み物を買うことは、ちょうどいい訓練になると思いました。

そこで「毎日100円を持ってきてください」「100円玉をひとつ、財布に入れて持たせてほしい」と親に頼みました。お金を持つのは初めて、何かを買うのも初めてという子ばかりでした。

100円玉の白いコインを入れて、コーヒーでもジュースでも、好きな物を選んで、当時は60円で、それでおつりが下から40円、出てきます。そうしたら、おつりの10円玉は最初、持ってきたのと色が違うから、自分の物ではないと取らないのです。

「いやいや、これはおつりや。あんたのお金やで。大切にお財布にしまっておきや。これが6個貯まったら、白い100円玉がなくても、それでまた1回、買うことができるんやで」

一つひとつが学習の機会でした。

タイムカードは会社時代から設置していましたから、朝、施設に来たときと、帰るときにカードを押して、仕事をしていることを自覚してもらいました。字が読めない子、自分の名前の文字がわからない子には好きな絵を描いたり、色で識別して、それが自分のカードであることを覚えさせていく。小さなことも、一つひとつ、時間はかかっても、あたり前を積み重ねていくことが、その子の自信と自立につながっていくことを信じているからでした。

学校教育はどうしても期間が短いです。その間にできることは限られていますが、3年の間に、ひとつだけでもいい、たとえば洋服のボタンだけはとめられるようになるとか、生活自立ができるように取り組んでほしいと思っています。学校を卒業したあとも、彼らの生活は一生ずーっと続きます。

障害のある子たちには、辛抱強く、長い時間をかけて同じようなことを繰り返しやって、ほんとうに少しずつ、経験を積み重ねていく必要があるのです。

あきらめずに、毎日の作業の中でゆっくりとした成長を気長に見守っていく必要があります。

社内旅行

こうして日頃から小さな訓練を積み重ねていくことが、年に一度、みんなで宿泊旅行に行くことなどの大きな出来事を可能にします。何度も申しましたように、私は障害があってもなくても、人として普通の、当たり前の生活をする。彼らが稼いだお金は彼らが使えるようにしてほしい。働くことも、人生を楽しむことも、人として当たり前にです。そのことを信条にしてきました。そこで会社時代から、年に一度は1泊旅行に行っていました。

しかし旅行にかかる費用は、1か月に2000円ずつ積み立てたとしても、1年間で2万4000円しか貯まりません。これでは行ける場所が限られています。そこで保護者に旅行費用の追加の臨時徴収をお願いするのですが、必ず反発が返ってくるのです。

「4万も5万も使わんと、2万4000円で行ける範囲のところに行ってください」

「そんなん、なんやったら、もう旅行なんか連れて行ってもらわんでもエエから、2万4000円、返してください」と、よく言われたものです。

人というのは目に見える未来に、楽しみや目標、ご褒美がなければ、毎日をがんばって働こうという気にはなれません。これは誰でも同じです。

年に1回の旅行は、夏頃から話題に上り始めます。

「9月になったら旅行やな」「今年はどこへ行くんやろ」

「今年は九州に行くんやで」「九州ってどこや?」

「地図、見てみよか」「大きな船に乗って行くんやで」

「今度は北海道へ行くんやで」「飛行機に乗るんやで」

彼らにとって、1年の中で旅行はとても楽しみにしている行事です。この費用をどうするか?これは、長年、頭の痛い問題でした。

あるとき、県の監査のときに何気なくそんな話をしたら、「浅居さん、それは工賃を積み立ててプールしておいて、特別賞与というかたちで、旅行の費用に充てたらいいのや」と教えてもらいました。それからは保護者に臨時負担してもらうことなく、工賃の一部を積み立てておいたお金で気兼ねなく旅行に行くことができるようになりました。

あいかわらず親からは「私らかて、そんな遠いとこまで、旅行なんて、行ったことがないのに……」と文句を言われていますが。

法人化してからは、必ず年に1回、淡路島、白川郷、沖縄、長野、北海道、四国、熱海、ディズニーランド、鹿児島、長崎、と、国内ではまだ行ったことがないエリアは東北地方ぐらいか? というぐらい、あちこち旅行にでかけています。最初は1泊旅行でしたが、沖縄や北海道へは3泊で行き、15周年にグアム、20周年に北京、もちろんパスポートを取得して海外へも行きました。今も2泊、3泊することが多いです。

それも90人ほどの利用者が行くのですが、親御さんが引率で着いてくるのはわずか5、6人です。あとは日頃から準備を重ねて、職員だけで連れて行くのです。

飛行機会社や旅行会社からは、通常は障害者の団体は何が起こるかわからないので、断られたり、条件をつけられたりすることが多いようですが、うちはこれまでに何のトラブルもなく、少ない引率人数でも毎年旅行に行っている実績があるので、そういう意味では信頼されています。

私もみんなと同じように蕎麦が食べたい

さて施設には来るものの、いっこうに仕事をしようとせず、一日中、ただ椅子に座って時間をつぶしていた女性ですが、その後もいっこうに働こうとする気配はありませんでした。

行政指導もあるので、こちらとしても強制するわけにもいきません。

「仕事をしたくなかったら、しなくてもいいですよ。その代わり、お給料は出せないよ」

「他のみんなはがんばって働いて、お給料をもらっているんやからな。あんただけ働かへんのにみんなと同じようにお給料をもらうのはおかしいやろ?」

そんなふうに言っても、無言です。

「でも、もうすぐみんなで旅行に行くんやで。旅行に行ったら、みんな好きなものを飲んだり食べたりするで。欲しいものがあったら買いたくなるのと違うかなー。それにはお金が必要やで。仕事をしてお給料をもらっておかないと、困るのと違うのかなー？」

そんなふうに繰り返しナゾかけをしてみるのですが、無視です。いっこうに心に届いていない様子でした。

旅行の当日になりました。バス1台を貸し切って、みんなで伊勢旅行へ行きました。楽しい時間が過ぎ、帰りの道中、道路が少々混んで夕方になり、バスはあるサービスエリアで休憩しました。そこには立ち食い蕎麦屋があって、お腹が空いていたみんなは、こぞって立ち食い蕎麦を食べに行きました。

そのとき、旅行中は、私の近くに寄り付こうとしなかった彼女が、初めて私の近くまでやって来ました。そして「お腹が空いた。私もみんなと同じように蕎麦が食べたい」と言いました。

蕎麦は一杯300円です。彼女の財布の中を見せてもらうと、所持金は100円しかありませんでした。ここで200円のお金を彼女に渡して、「みんなと一緒に蕎麦を食べに行っておいで」ということは簡単です。

だけど、私はあえてそれをしませんでした。

心を鬼にして、「そうか。蕎麦が食いたいか？　腹が減ったな。ワシも減ったわ。みんな、うまそうに食べとるな。でも、あんたがお金がなくて食べられへんのやったら、ワシもつきおうたるわ。ワシもがまんするわ。働いてへんから、お金がないんやったら、仕方がないもんな。一緒に辛抱しようか」と言った。

そばにいた職員も同じように我慢してくれました。

仕事をしてもしなくても、お金がもらえる。仕事をしてもしなくても、蕎麦は同じように食べさせてもらえる。それなら仕事はしなくてもいい。当然、そうなります。

でも、仕事をしなかったから、お金はもらえないよ。自分の好きな物を買ったり、好きな物を食べたりすることはできない。そういう自由はないのです。働くということはそういうことや。人として生きていくために、その人に応じた働き方で働くのは当然のことや。そのことをわかってほしい。それはたとえ障害があってもなくても、どんな障害であっても、同じことです。

だから鬼やと思われたかもしれませんが、たった200円を、私は渡さなかった。他のみんながおいしそうに蕎麦を食べているのを見ながら、あえて本人には我慢させた。その代わり、私も、職員も全員が、我慢しました。

旅行から帰った次の日から、その人は、施設でベルトコンベアの前に立って、みんなと一緒に仕事をするようになりました。

仕事をする、働く、ということがどういうことなのか、身をもって理解できたのだと思います。これまでの人生の中では、おそらくそんな機会がなかったのでしょう。

なんでもかんでも援助をする、この人は障害があるから、と支援する。何もせずに障害のない人と平等にすることばかり優先させることが正しいとは限らないと私は思うのです。

そのときは鬼、と言われたけれど、私は今でもあの判断は正しかったと信じています。

アルコール依存症

また精神障害の人には、アルコール依存症の患者が結構な比率でおられます。

そういう方が入所施設の見学に行かれると、他所では必ず「お酒を飲むのは禁止です」と言われて、がっかりされます。

私は最初に「飲めますよ。飲ましてあげるよ」と言います。見学に来られるときは、親御さんの他に医者や看護師がついてこられることも多かったので、この件については何度もお叱りを受けたことがあります。

しかし、私は「酒は飲めるで。飲んでもエエで。ただし夏祭りになったらな。旅行に行ったら、その日の晩ご飯のときは飲めるで」と言います。「普段はあかんけどな」と。すると「あ、ここは飲んでもエエとこなんか。祭りになったら飲めるのか。旅行に行ったら飲めるのか。絶対にあかんというわけではないのだ」と、まず安心されるのです。

アルコール中毒の人は、こちらがいくら禁止して厳しく監視しても、目を盗んでこっそり抜け出して自動販売機でお酒を買ってきて、必ず隠れて飲酒をされます。飲んだあとの容器も巧みに隠したりされます。だけど、コソコソ飲まなくても、旅行の日まで待ったら堂々と飲めるのだ。……そう思うと、人間というのは意外とがまんできるものなのです。

そうして飲酒しない日、断酒する日が続くと、だんだんとアルコール耐性が弱くなってきて、いざ旅行の当日となっても、そんなに大量には飲まなくなるものなのです。

そんなことを繰り返して、6人ぐらい、これまでにアルコール依存症の方を治してきました。「絶対にダメだ」と禁止したら、絶望的になり自暴自棄にもなって、見つからないように隠れてこっそりやってしまいます。「この日になったらエエで」と言うと、安心して、その日までは待つことができる。

見通しをもつことができれば、人は案外とがんばれるものなのです。

自殺衝動のある青年

あるとき、自殺衝動のある精神障害の息子を連れて、お母さんがやってきました。1回目は自宅で睡眠薬を飲み、2回目はリストカットをしました。3回目には農薬を飲んで昏睡状態に陥って救急車で病院に運ばれた。しばらく入院したあと、退院することになったけど、また自殺するのでは？と怖くて親が家に連れて帰ることができず、その足で相談にやってこられたのです。

「おまえ、自殺行為ばっかりしてんねんてな？」と本人にはっきり聞きました。本当はこういうことは言わないほうがいい、とされているけれど、私はあえて言ったのです。本人はうつむいたままでした。

「自殺するのもエエけどな、生きているからこそ、楽しいことがあるんやで。うまいものが食える。行ったことのない場所に行ったり、見たことのないものが見られる。4月になったら花見に行く。7月になったら夏祭りや。9月になったら、1泊でみんなで旅行に行くんやで。生きてたら、こんな楽しいことがいっぱいあるのに、なんで、おまえは死にたいんや？」と聞くと、

「えっ？　そんなに楽しいことがあるんか？」とびっくりしたように顔をあげました。

その子はどうやら、それまでに「楽しいこと」をしたことがなかった。というより、みんなで「楽

しいこと」を心待ちにして、それまでがんばってみるという経験をしたことがなかったようです。

「それなら死にたくはない、自殺はしない」と言ったのです。

「そうか。ほな、ここでがんばってみるか?」と言うと、「そうする」と。

それから彼は本当に1年、がんばったのです。ここに来てから自殺行為をすることはありませんでした。寮に入り、1年間、ここで毎日まじめに働いて、さまざまな行事に参加して、みんなと楽しみました。

それからここを出て、パン屋に就職して、自宅に戻りました。

商工会福祉研修会の開催

1995(平成7)年、私は当時、豊郷町の商工会の会長をしていました。

かねてから企業というのは、企業活動で得た利益は地域に還元すべき、それには福祉を学ばんとあかん、というのが私の持論で、学習会の開催を要望していましたが、「商売人がなんで福祉の勉強せんならんのや?」と疑問を出す人もいて、準備に8か月もかかりました。

そしてようやくこの年、「愛犬地区商工会連絡協議会福祉研修会」の開催にこぎつけたのでした。各商工会単位で勉強会を開くことはあっても、連絡協議会規模での研修会は県内で初めてで、全国でも珍しいものでした。

参加したのは35人。施設で、流れ作業のシートベルト組み立てと、生活の場である寮など施設見学をしてもらったあと、1時間半にわたって講演をしました。企業と障害者とのかかわりについて。社会全体で差別をなくしていくこと。障害者が生産にかかわること。職場など身近な場所での障害者とのふれあいが大切なこと。人として働くことは当たり前であること。コーヒーの話を例にしました。地元で障害のある子を1人でも雇用してやってほしい。それが私の主張でした。

障害があるからと年金や生活保護だけに頼っていたら、国にいくらお金があっても足りません。障害者も自立しないといけないし、企業はもっと障害者の雇用を促進すべきなのです。

税務署からも参加され、「障害のある人を雇うと税金の面でも優遇措置があるから、ぜひ障害者雇用を広めてほしい」と訴えられました。町の産業振興課、職安、労働基準監督署からの参加もありました。

会員の反応は、今まで全く知らなかった話だったのでピンとこなかったようですが、いい機会にはなったようです。

商工会では副会長を13年やり、1期だけの約束で会長職を3年間務めましたが、その間に自分にしかできない役割が果たせてよかったと思っています。

全国商工連合会からは表彰をいただきました。

翌年、1996（平成8）年には厚生労働大臣からの「精神保健福祉功労」の表彰をいただきました。精神障害者の社会復帰促進に貢献したことを評価するものでした。県からは、１９８６（昭和61）年にも知事表彰をいただき、１９９５（平成７）年にも二度目の知事表彰をいただいています。

サングループ事件（発覚）

１９９６（平成８）年の出来事です。

五個荘町の製造会社サングループで、長年に渡って知的障害者の従業員の障害年金を横領し、虐待を繰り返していた事件が明らかになり、障害者を食い物にした人権侵害事件として世間を驚愕させることになりました。

サングループの社長は逮捕・起訴され、有罪判決が下りました。サングループからうちに引き取った最初の複数名の方は、まだうちにいて、元気に仕事をしています。

あすなろはサングループから従業員を何人か引き受けた引き取り先のように思われていますが、実際はそれだけではなかったのです。

その最初の方が、当時のサングループから正月に実家に帰って来たとき、兄嫁さんに全寮制の寮の中のこと、仕事のこと、普段どんな生活をしているのか話をしました。兄嫁さんはその話を聞い

1990年	福祉関係八法改正
1993年	障害者基本法
1995年	精神保健及び精神障害者福祉に関する法律（略：精神保健福祉法）
2006年	障害者自立支援法

て驚き、聞いた話を全部メモにして、当時、障害者支援施設の「かいぜ寮」でコーディネーターをしていた今井さんに相談をしました。今井さんは、その兄嫁さんを連れて、まずうちに相談にやってこられたのです。それが事件発覚の発端でした。

私は話を聞いて、「これは大変なことや！」と感じ、家族を連れてすぐに職安へ行きました。当時の職安の所長をよく知っていたからです。職安の所長は話を聞くと、「それは労働監督署の管轄やな。署長を呼ぶわ」と言って、労働監督署の署長を電話で呼び出してくれました。

なぜ、職安や労働監督署だったかというと、サングループは、知的に障害のある子を親元から預かって「一生めんどうをみてやる」という全寮制の会社だったからです。

聞いた話の中には、送迎として「軽トラの荷台に障害者の子を何人も、荷物のように積んで運んでいた」というものがありました。外からは見えないように幌をかぶせて、工場と寮であるアパートを軽トラで往復していたのです。それを聞いて、これは労働基準法違反、労働監督署の監督責任問題や、雇用問題やから職安も関係があると思ったのです。

しかし、そのどちらの組織も、結局、何も動いてくれませんでした。

仕方なく、その頃、私が会長をやっていた商工会の顧問弁護士に相談することにしました。電話して大津まで会いに行き、経過を説明したら、彼はサングループが取り引きをしている某信用金庫の顧問弁護士もやっており、「すいません。これ以上、この話にはかかわれません」と言われ、その弁護士にもまた振られました。

それで今度は県に訴えに行ったのです。「サングループでこんな実態があることを県は知っているのか？　早急になんとかせえ」と。そのとき、私は「なんやったら、21人は、私のところで全員、引き取ったる」と言いました。だから、「早くなんとかしたってくれ、解決してやってくれ」と訴えたのです。

当時は、うちの入所者が21人も増えるのは明らかに定員オーバーで、受け入れられる道理はなかったのです。作業所の利用者はすでに80人を越えていましたし、そこにさらにプラス21人も受け入れるのは法令違反を犯さない限りムリでした。そうやけどワシは捕まってもいいから、という覚悟で、なんとしても1日も早くその子らを救い出してやりたいと思って、県に訴えたのです。

そうすると、その頃すでにサングループの内部事情をうすうす把握しかけていた県は「浅居さんとこだけに迷惑をかけるわけにはいかないな」とため息をついて、サングループに入所している子らの実家のあるすべての市・町の施設に、県から連絡をして、引き取る体制を準備し始めてくれたのです。

そこから、ようやく事件解決に向けての動きが始まったのです。

なぜかというと、次の行き先、引き取り先が確保された、となって、ようやく、親たちが動き出したからです。

「被害届けを出す」「うちも出す」ということになっていったのです。

サングループ事件（裁判）

裁判が始まったとき、弁護士から、「浅居さんも証人として、裁判で証言してもらえないか？」と言ってきました。私は「かまへんで」と言いました。

「ただし、ワシは、親兄弟たち、家族のことも言うで。親たちはあの子らがこんな目に遭っているのを以前から知っていたはずや。なのに預かってもらっている義理があるから黙っておこう、文句を言ったら〝それなら辞めてくれ〟と言われると困るからと、わかっていながら言わなんだ。連れて帰ってやらなんだ。引き取るのがイヤで、訴えることをせずに見て見ぬふりを続けてきた。そのことも、必ず言うからな」と。

次の引き取り先が決まることになって、初めて親兄弟は、前面に出てきたのです。私は親兄弟、家族の落ち度も含めて全部、知っていることを言う。そう言うと、弁護士は尻尾を巻いて帰って行きました。だから、私は裁判には呼ばれていません。

事件に関して、私が事件発覚のために動いたということが表向きには一切なっていないのはこのためです。

しかし、私が「全員、うちが引き取る」と覚悟を決めて言わなかったら、県も動いてくれなかったし、次の預け先の目処がついたから、親たちもようやく被害届けを出して証言するようになったのです。

個人の障害年金の振り込み先口座からサングループがそのお金を横領し、それを担保に銀行から借り入れをしていた。顧問弁護士も銀行も、うすうすそのことに気がついていたのに犯罪の片棒を担いでいたのです。

福祉を食い物にする社長と、虐待を受けていることを知っていながら見て見ぬフリをしていた家族、銀行も弁護士も加担していた。サングループ事件は、社会全体の闇が引き起こした事件だったと思っています。

裁判では5人の入所者がすでに死亡していることが明らかになりましたが、知的障害のある子の証言だけでは虐待行為の立証は弱く、障害者年金の横領の罪だけで、社長は1年6か月の実刑判決になりました。

このため、元従業員らが、元社長と国、県を相手に異例の損害賠償請求訴訟を起こし、2億70

00万円の支払いが命じられました。

サングループ事件（その後）

サングループから一番最後に引き取って来た子は、言葉もまともに話せない重度の子でした。職員がなんとか聞き取ったところによると、どうも食事は1日に1食だけだったようです。その食事というのも生煮えの魚のようなものなどを食べていたとか、詳しくは分かりませんが、とにかくろくな食事を与えてもらっていなかったように思えます。

うちに来たときはずーっとトイレから出てこず、閉じこもっていました。そして夜中になると習性のように、ゴミ箱をあさるのです。ここでの三度の食事はすべて平らげて、満足しているはずなのに、夜中になると生ゴミが捨ててあるゴミ箱から、何か食べられる物がないか、探し出すのが癖になっていたのです。お雑煮の日に食べようと、餅を冷蔵庫に入れておいたら、次の日に冷蔵庫を開けると、餅がいくつも囓《かじ》られている。そんなことが何度も続きました。

よほど長い間、ひもじい思いをしていたのか、食べ物に対する執着がひどくありました。

時間をかけてずいぶんと落ち着いてきましたが、いまだに何かトラブルがあるとトイレに立てこもってしまうのは治っていません。

そのとき、うちで引き取った7人のうち、最初と最後の子を含む4人が現在も元気に仕事されています。

「第二あすなろ園の認可を返上します」事件

と、まあ、そんな事件のあった翌年の、1997（平成9）年。

精神の授産施設としてがんばってやってきた、あすなろ福祉会第二あすなろ園の赤字がかさみ、ついに経営がどうにもままならない状態になりました。

もともと精神の施設の場合は、職員の給料や施設の運営に関わる費用は、「4分の2は国が、4分の1は県が出すので4分の1は自分たちで稼ぎなさい。利用者から徴収しなさい」という制度のもと、利用者からある程度の負担金を取りなさいというのが建前でした。しかし、あすなろ園では、知的では負担金を徴収していないのに、精神だけ取ることはできない、との理由から、無認可の作業所のときから本人からの負担金は徴収していませんでした。法人化してからも、それでずっと来ていたのです。

ところが1990（平成2）年のオープン当初から徴収せずにきたら、やっぱり年間平均して100万円の赤字が出て、この年、1997（平成9）年、累積赤字が800万円に膨らみ、このままではもうやっていけない、となりました。

このまま続けていたら潰れる。7年たって「もうこれ以上はやっていけないので、認可を返上したい」と県に言ったのです。

そうしたら県は、公的な補助金を出している事業で、認可を返上するのはどうのこうのと言うから「それなら建物ごと返還するから、持って帰ってくれ」と言いました。

補助金をもらったものは今更返すことができないから、精神の授産施設の建物を持って行ってくださいと言ったのです。もちろん利用している子を放り出すわけにはいかないから、いっぽうで無認可の作業所を再開させる準備もしながら、そう言ったのです。

そうしたら、その後、あちこちでそのことが話題になりました。

「いろいろ問題を起こした施設が、認可を取り消される、というのなら話はわかるが、障害者福祉に真面目に取り組んでいるところが、自ら認可を取り下げてくれというのは前代未聞ではないか?」と新聞にもでかでかと取り上げられて報道されました。

そんなことで、ついに県は、「わかりました。国でなんとか3障害を統一してくれるように、同一の施策にするようにという要求を、県から国に上げてみます」と約束してくれたのです。

ところが、それを受けた国からは、驚くことに、「ゆくゆくは3障害の施策を統一する方向で準備している」(のちの障害者自立支援法の制定)という返答が返ってきたのです。

「それならば」と、県はそうした国の方針に基づいて、「国の制度が変わるまでの間、県独自に補助金を出しましょう」ということにしてくれたのです。

結局、あすなろが「もうやっていけないから、精神の施設は認可を返上します」と言ったことは、3障害の統一にむけて、県を動かし、国の制度を動かす力、大きな揺さぶりとなっていったのです。

きょうされんに入らないか

この一連の騒動のあと、きょうされん（全国共同作業所連絡会）から、「あすなろさんも、ぜひ、きょうされんに加盟してください」と、この地域のきょうされん加盟の施設の人が何人も頼みにこられました。ここまでやってきて、ズラリと並んで、頭を下げられました。

きょうされんは、共同作業所が加盟している全国組織、運動団体です。

障害者全国協議会の藤井克典さんからも、東京から何回も電話がかかってきて、「浅居さん、東京に来て、幹部として、全国の障害者運動を指導してください」と説得を受けました。

私は、きょうされんにも入らず、東京にも行きませんでした。

福祉と障害者が働くことについての考え方が少し違うのです。

きょうされんの人たちは、行政に「福祉に対して、もっとお金を出してくれ。くれ、くれ」と言います。「それは障害のある人たちの権利だから。平等だから」と主張します。

私はおかしいと思うことは、おかしいと言うし、補助金をもっと増やせとも言いますが、まず障害があろうがなかろうが、自分たちでやれることをやって、働いて、稼いで、そしてそれで足りないところを、どうするかということが基本だと考えています。その働ける場所について国がもっと用意をしてほしい、整備をしてほしいと考えています。

障害者だからといって最初からお金をもらうのが当たり前ではなく、障害があってもなくても、まずやれることで働くことが当たり前、働いて自分でお金を稼ぐのが当たり前で、その働く場所を保障させる、整備すること、そして足りない分をどう助けてもらうかが基本だと考えているからで、考え方が少し違うのです。

生活保護について

こうした考え方は生活保護についても同様です。

精神の障害の人は、多くの人が生活保護を受けています。

精神の障害を認定する医者の診断書があれば、生活保護を受けることができるからです。

生活保護を受けるようになると、働いてお給料を得たらその得た収入の分だけ、保護費から減額されて支給されます。さらに、多くなると生活保護を打ち切られます。だから「働いたら結局、損になる」という考え方が蔓延しているように思います。

もちろん、生活保護以外に生きていく術のない人、生活保護が命綱の人もいますから、一概に言うことはできませんが、ある程度の働き方なら働くことができるのに、働こうとせず、何もせずに、毎日ぶらぶらして過ごしている方がいい。その方がラクだ、得だ。もらえるものはもらわないと損。そんな考え方にさせてしまう「仕組み」には、問題があると思っています。

人は生まれた以上、自分にできる働き方で働く。自分で働いて、生活していくのが当たり前です。それで足りない分をどう補ってもらうかというのが福祉です。

以前は生活保護を受けることは恥ずかしいことだという意識がありました。でも今は、もらうのが当たり前で、もらわなければ損になっているように感じます。

最初からすべて丸抱えするのではなく、その人によって自立の程度には差がありますから、まずは、その人にとっての自立を目指すべきです。

私は、これまでに何人もの障害者に生活保護を返上させて、自立のための手伝いをしてきました。一時は生活保護をゼロの施設にして、表彰を受けたこともありますが、最近はまた、「もらえるものはもらわないと損」という考えが、利用者の間でも支援者の間にも増えてきています。

この問題は今後もずっと残り続けて行くと思います。

一般就労への道

私は、入所者がずっとあすなろにいることが一番いいことだとは思っていません。ここで働いて実力と自信をつけたら、ここを出て一般企業に働きに行くことも目標のひとつにしています。もちろんそういう目標を持てる子は限られていますが、できる子にはそうして一般就労の目標を掲げています。現に何人もそうやって子どもらを一般就労に送り出してきました。

企業に勤められるようになった子は、自分でアパートを借りて暮らしている子もいるし、住むところはあすなろのグループホームに住み続けて、ホームから一般企業に通っている子もいます。

また、企業就労に向けての取り組みとして、職員ごと、職員と共に企業に出向いて、企業の従員のみなさんと一緒にそこで作業をする出張作業所を30年前に始めました。その後「企業内作業所」という名前で制度になりましたが、制度化される前にまぎらわしいと指摘され中止しました。

本当は、2、3年先の就労という目標をかかげて、施設と企業が一体となる取り組みとして考えていました。企業へ出向くと就労することへの自信や自覚が生まれます。また、社員の方との交流ができて、人間関係が広がりますし、一般就労につながったときも、スムーズに周りに溶け込むことができます。

誰もが能力に応じて働くべきだし、そのための機会が与えられるべきなのです。

そのためには、福祉施設が訓練校的な役割をもっと担っていく必要があると思うし、企業の側も働きづらさ、ハンディのある人の受け入れに関して、もっとよく知ってもらう必要があると思っています。

就労継続支援A型とB型

私は1989（平成元）年に、「福祉工場」というビジョンを構想していたことがありました。現在グラウンドがあるところが、その予定地だった場所です。

知的障害の作業所と、精神障害の作業所と、それからそのどちらからも、能力のあるよくできる子を集めて、真ん中に福祉工場を建てて、そこで仕事をしてもらおうと思っていたのです。だけど、平成元年中には「あ、これは間違っている」と気がつきました。そこまでできる子だったら、一般就労、企業就労をさせたらいいのです。

国は障害のある子の一般就労を支援するため、就労継続支援A型とB型という制度をつくって、最近は特にA型をすすめるようになり、行政からも「A型をやれ、やれ」としょっちゅう言ってきます。私は就労継続支援A型は要らないという考えです。

A型は最低賃金を払う、保険にも入るというのが謳い文句です。より一般就労に近いようなイメージで受け止められています。だけど、就業時間はB型と同じで10時から3時までなどで1日4時間です。これでは一般就労にはつながらないと思うのです。

働くことには、ある程度の体力と持続力をつけ、そのことをベースに本人の力を伸ばしていくことが必要です。うちではずっと8時半から5時までを就労時間にしています。

A型を設定するよりも一般就労をもっと支援してくれる施策の方が必要です。A型は、一般就労への移行ではなく、福祉就労を固定化させるものだと思っています。

地域を巻き込んだ夏祭り

1989(平成元)年から、地域を巻き込んだ大規模な夏祭りを開催するようになりました。この日は地域の人がたくさん集まって来られて、あすなろのことを知ってもらういい機会になっています。

近所の人に「遊びに来てくださいね」と宣伝して、子どもたちだけで200人ぐらい、全体で800人ぐらいが集まる大規模な夏祭りになっています。障害のある子らと直接ふれあってもらって、「なんだ、みんな同じなんだな、何も心配することないんだな」ということを直接わかってもらうことが目的でした。

流しそうめんをしたり、かき氷を食べたり、ゲームやくじ引きがあったりします。イベントもあります。最後は櫓《やぐら》にちょうちんが灯り、盆踊りが始まります。

他の施設の夏祭りとちょっと違う点は、地域との交流という点ではおそらく同じですが、この日、利用者は完全にもてなされる側になります。利用者はこの日はゲストとして、近隣の人と一緒に徹底的に遊んで夏祭りを楽しんでもらいます。

なぜなら彼らは普段、毎日働いているのですから。祭りは楽しむものだからです。もてなす側は、あすなろの職員と、あちこちに要請したボランティアさんです。

１９９４（平成６）年から甲良西小学校との交流が始まり、毎年６年生の方と運動会で綱引きや玉入れなどの競技を通じて交流を深めています。２０１４（平成26）年からは、地元、豊郷小学校、日栄小学校との交流も始まり、夏祭りにたくさんの子どもたちが来てくれます。

Column

あすなろの行事

あすなろでは年中を通して行事を設定しています。

２月の誕生会は、本当なら毎月１回、その月の誕生日の子をお祝いするものですが、それを１年分まとめて、１つ年を刻んだことをみんなでお祝いするかたちです。それぞれの作業場ごとに行いますが、ビアンカに乗船したこともあります。ここ数年は、ファミリーレストランにランチを食べに行っています。20歳になった子には特別のお祝いをします。

４月は、お花見会で、今年はお花見をしたあと、ホテルのレストランでステーキを食べに行こうと計画しました。

７月は夏祭りです。そして９月は旅行に出かけます。

10月の運動会は1994年から小学校との交流が始まり、合同でやるようになりました。2014年からは３校と合同です。

12月のクリスマス会は、ゲームなど様々な催しを楽しみ、ご馳走を食べます。

ちょうど２か月に１回程度、お楽しみがあるように毎年、手を変え、品を変えて、知恵をひねって充実した企画を実施するようにしています。

それ以外にも、お正月の「数の子の日」、「ぜんざいの日」、秋には「松茸の日」など、特別な行事食の日も設定しています。

これは実は大事なことなのです。行事は２か月に１回ぐらいがちょうどいい。そこに向けて普段の気持ちが高められる、それまでがんばろうと思える期間がだいたいそれぐらいだからです。毎日がんばっていたらご褒美、お楽しみがある。普段の日の積み重ねがあって、特別な、晴れの日が目に見えるかたちである。そこに向けて気持ちをがんばらせる。

このことは実は誰にとっても大事なことなのです。

楽しむ

顧問サンタからみんなにプレゼント。

コロナ対策万全‼　みんなで楽しくクリスマス。

前日から準備、おいしいおでん出来上がり。

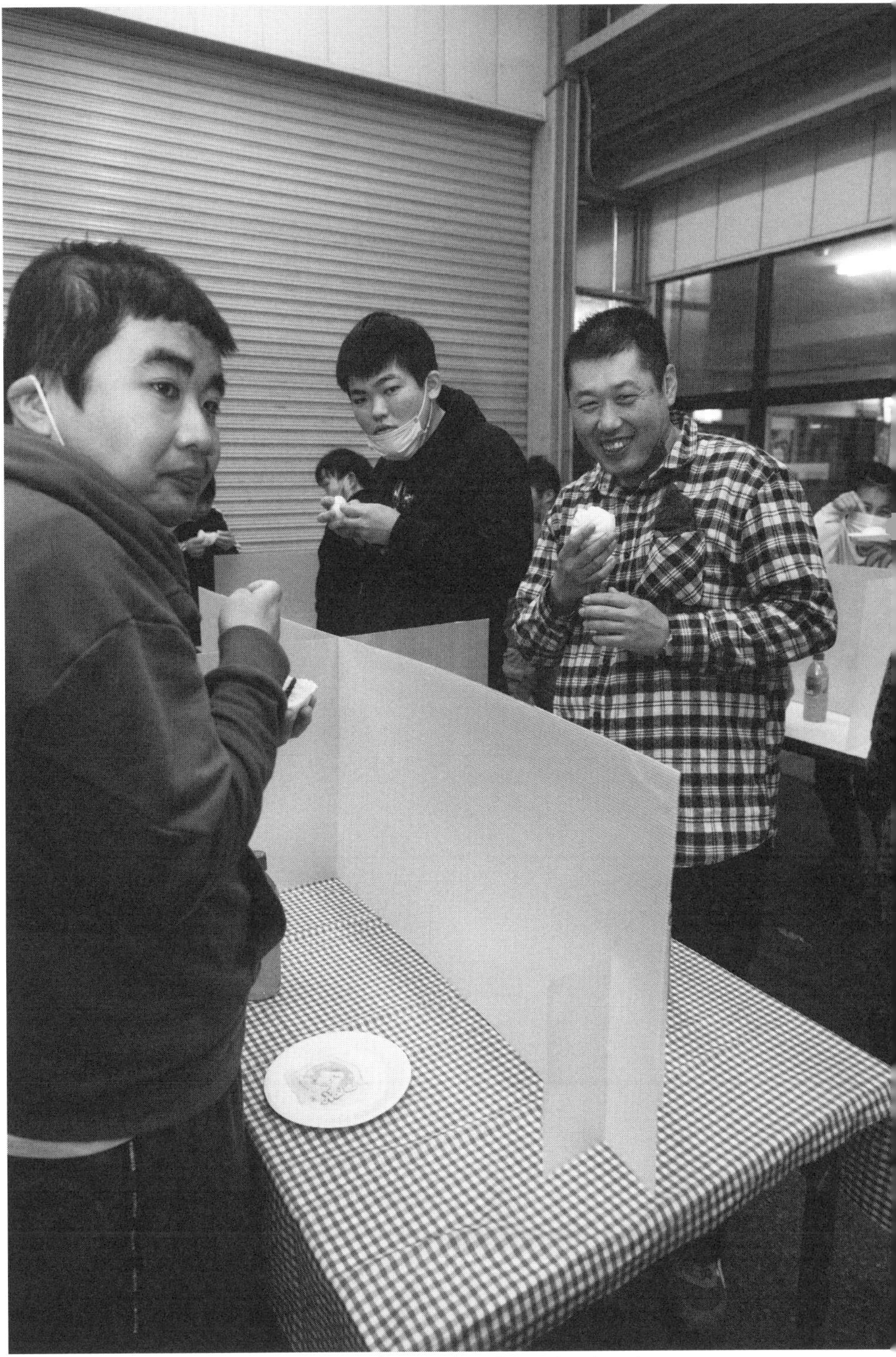

あつあつの肉まん、あんまん、おいしいよ。

MERRY CHRISTMAS

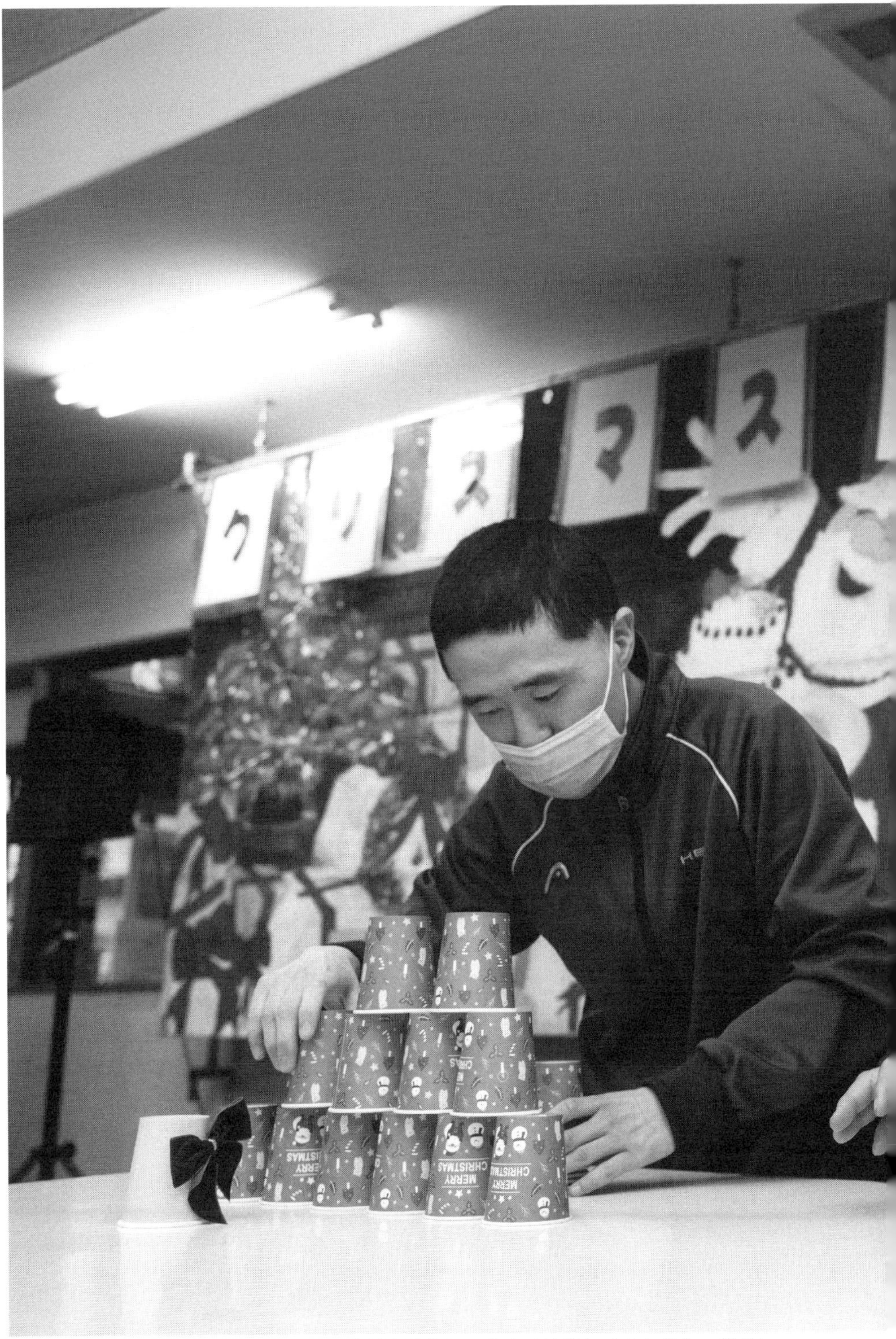

カップでツリーゲーム。真剣な眼差し。まるで仕事してるときと一緒だね。

う〜ん、何があたるかな。クリスマスプレゼント。

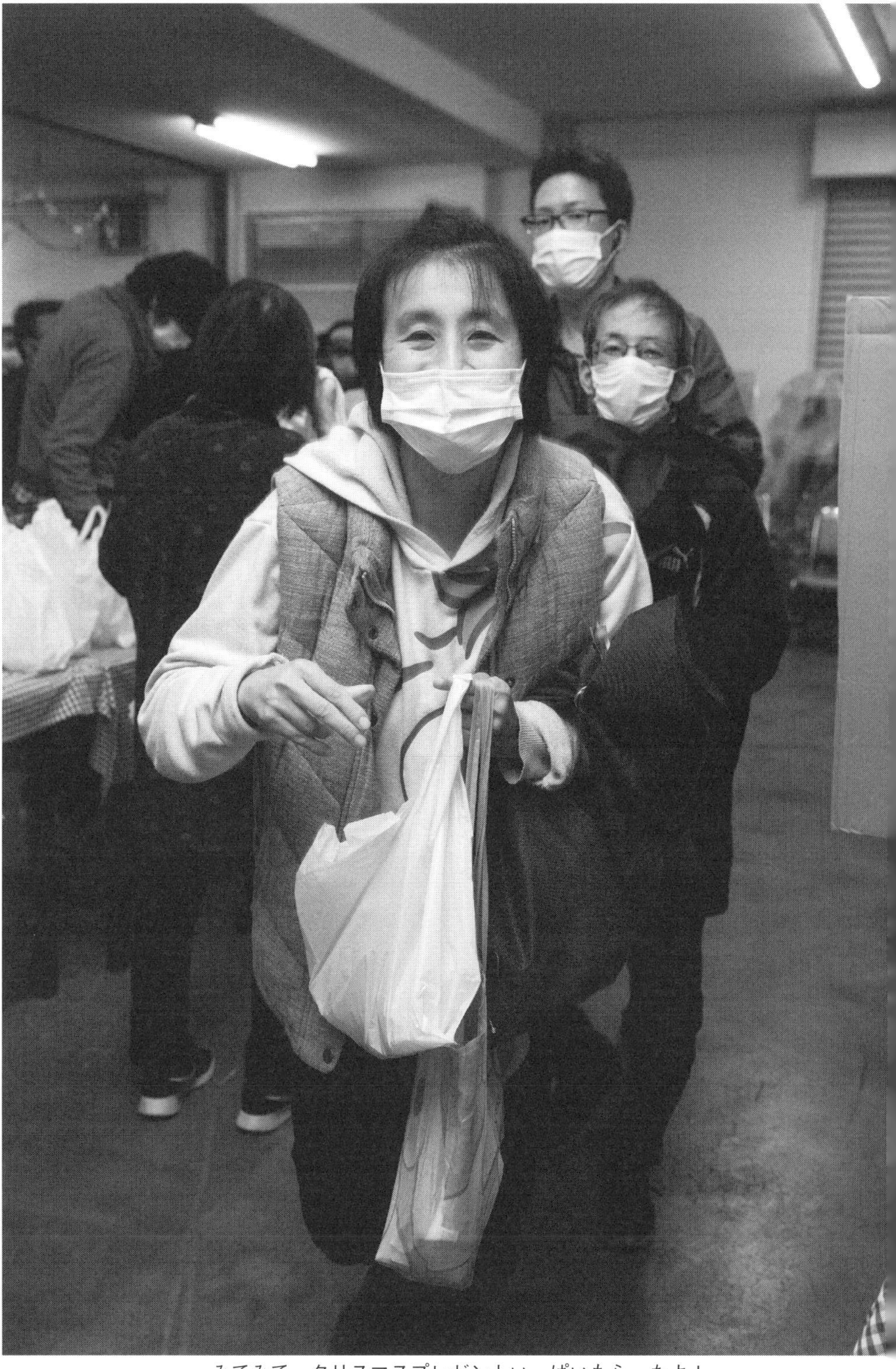

みてみて、クリスマスプレゼントいっぱいもらったよ！

NAVY
CALIFORNIA

誕生日会　今年は特別　成人おめでとう！　もう大人だよ。

今日のメニューは自分で選びました。記念に写真に残しておこう。

第４章　誰もが年をとる

——高齢者福祉へ——

浅居さん、国に行くんやったらいまやで！

２０００（平成12）年４月から各自治体が主体となった新しい保険制度がはじまりました。日本社会全体の高齢化がすすみ、急増し、社会問題化しつつあった「介護」を社会的に解決し、これまでは家族が抱え込んでいた「介護」を社会全体として支えていく仕組みになりました。

障害者自立支援法施行

２００６（平成18）年、国の障害者自立支援法が施行されました（２０１３年からは障害者総合支援法に法改正）。

国は、約束通り、知的、身体、精神の３つの障害の制度間格差をなくし、これまで障害種別ごとに異なる法律に基づいて提供されてきた福祉サービス、公費負担医療等を共通の制度の下で、一元的に提供する仕組みを創設しました。

これにより、これまで障害分野ごとによってばらばらだった障害者の制度体系は大きくまとまることになるわけです。

あすなろでは1975年から障害によって差別をしてはいけないと、知的だけではなく、精神の障害の雇用の受け入れもして、その後も知的と精神を同じように扱ってきました。

ここでもやっぱり30年経って、世の中が、国の制度が、ようやく追いついてきたんだな、という印象を受けました。

しかし、サービスの利用に際し、利用者に応益負担を課すことは、これまで無償で受けられていたものが、制度が変わったから同じように1割負担しろ、って……。それはちょっとおかしいのと違うか？

そう思っていた矢先、県から、

「浅居さん。応益負担の件で国に行くんやったら、今やで」

と言われました。

なんでも、滋賀県出身の参議院議員が厚生労働委員長をしている。しかもハンコをつくような立場におる。地元である滋賀県の福祉現場から陳情をあげに行けば、おそらく邪険に扱うことはないやろう、と。

それが「国に言いに行くのなら、今がチャンスやで」という意味でした。

まあ、元来、熱くなりやすいというか、乗せられやすいというか、案の定、県の思惑通りにたきつけられ、東京のその代議士の事務所まで陳情にでかけることになりました。

代議士に会い、面と向かって、

「新しい法律ができたけど、法律をつくるんやったら、もっと現場に足を運んで福祉のことをきちんと勉強してからつくらんかい！　やってることが間違うとるぞ！」

と思いきり訴えました。

すると早速、２００６（平成18）年９月にその代議士がうちにやってきて、見学をし、勉強会が開かれました。そのあとの11月の臨時国会で、障害者の１割負担は本人からは徴収せず、市町村で負担することと法律が改正されたのです。

ここでも、おかしいと思ったことに対しては黙っていないで声を上げたことで政治が動いた、ということなのですが、なんのことはない。この件に関しては、完全に県にうまいこと使われたわけです。新しい法律の制度設計に不備があると思っていても、お役所ルートで意見をあげるよりも、現場から直接、陳情に行った方がインパクトがある。早いわけなのでしょう。

結局、県の思惑通り、いいように使われたわけですが、まあ行政とは「持ちつ持たれつ」といったところでしょうか。

グアム島、中国旅行（海外旅行）

２００３（平成15）年は法人の15周年記念ということで、この年の旅行は、初の海外旅行であるグアム島へと出かけました。

関空からグアム島まで。もちろん飛行機です。

飛行機そのものは、沖縄や北海道旅行に行ったときにすでに経験していたので三度目でしたが、重い障害の子も含めて、何人も障害者を連れて飛行機に乗るなんて、それも海外まで行くなんて信じられない！　と言う方もおられるでしょう。しかし、日頃からいろいろな訓練を地道に積み重ねていくことが、利用者と職員の信頼関係、それぞれの自信と安定につながっているのだと思っています。

たとえば、あすなろでは普段から、誕生会、お花見会などに、みんなで（何組かに分けて）レストランへ食事をしに行ったりしています。そういう機会を通じて、他のお客さんも大勢おられるような公共の場所での「ふるまい方」を経験するわけです。普段のあすなろの仲間やスタッフだけでなく、知らない人もたくさんいる。そういう場面にも慣れておく。こうした日常の繰り返し、積み重ねが、団体で海外へ行くことまでを可能にしているのだと思います。

さて、グアム島へ、初めての海外旅行の取り組みは、まずそれぞれのパスポートを準備することから始まりました。字が書ける子は、枠のなかに自分の名前を書く練習からです。何か月も前から取り組みました。

いよいよ当日。出国審査や入国審査、飛行機の乗り降り、機内でもパニックを起こしたり、騒いだりする子は1人もいませんでした。ただし、飛行機の機内のトイレに行くときだけは、必ず1対1で職員が付いて、使用後の確認をしっかり行いました。

現地の病院、そこにかかわる精神の障害の人との交流の企画を事前に準備しておいたので、地元の保健所の所長さんよりTシャツのプレゼントという歓迎を受けました。

夜の食事会・懇親会は、現地の障害のある人をあすなろが費用を負担して、招待するかたちで賑やかに行われました。このような連携をつくっておけば、もし万が一、何か不測の事態が起こったり、利用者に医療が必要になったときにも医療機関にスムーズにつないでもらうことができます。楽しみながら、安全に向けてのサポート体制を確保していたわけです。

陽気なハンバーガーショップでお昼を食べ、グアムの海でみんなで泳ぎました。

船に乗ってイルカを見に行くとき、事前に調べたところによると、船が発着する港にトイレがないことがわかりました。それではどうしたかというと、港に臨時の仮設トイレを何基か設置するように現地に手配しておいたのです。そういうところでは少々、費用はかかっても、「早く、早く」と急《せ》かしたり、「さっき、トイレに行っておけ、と言うてたやろ！」と大声で叱ったりするのではなく、トイレがないのならないで設置すればいいだけのこと、という発想です。

みんなで楽しむために海外まで来ているのですから、安全性や満足感を優先させるわけです。

2007（平成19）年には20周年記念として、中国北京に行きました。中国では混雑を避け、入国審査も出国審査も一般の人とは別の特別なファースト・ラインが設けられ、なぜか旅行会社の人と理事長とで一人ひとりのパスポートにハンコを押しました。

このときは、山林に木を植える植樹イベントを行いました。万里の長城を歩き、北京市内を観光しました。故宮博物館では、他の観光客とは異なり、入場門の前までバスを通してもらい、6車線の道路でもわざわざ警官が他のバスを止めてうちのバスを優先的に通してくれるというVIP待遇を受け、まるで国賓のような扱いでした。まあチップの威力、というべきかもしれませんが。

障害がある子らだから、世間に迷惑をかけないように小さく萎縮してしまうのではなく、想像される困難に対しては先回りして対策を考え、彼らがいつでも堂々とふるまえるように、非日常の体験を心から楽しめるように、海外旅行では特に工夫してきたと思っています。

年をとった障害者が安心して暮らせる施設を！

さて、先にも申しましたように、あすなろの入所者にも高齢化の波は押し寄せていました。

あすなろ福祉会は２００４（平成16）年、特別養護老人ホーム「いやしのさと」をオープン、高齢分野の事業をスタートさせることになるわけですが、そこに至るまでには、そのきっかけとなった、ある悲しい事件があったのです。

Tさんは浅居製作所時代から働いて、長年、グループホームで暮らしてきた精神障害の男性でした。64歳になった頃から足が悪くなり、とうとう1人では歩くことが困難になってしまいました。その方はもともとH市の方で、H市にある養護老人ホームへの入所を希望されたため、申し込んだのです。するとホームからは「精神の障害の方は、そちらでは落ち着いておられるかもしれませんが、環境が変わればいつ再発するか分かりません。再発の恐れがあるので、お受けできません」と断りの返事が返ってきたのです。

そういう言われ方にも愕然《がくぜん》としましたが、やむなく家族（実弟）の家に引き取られることになり、ここを出ていかれることになりました。

しかし、弟の家族との同居生活では、いろいろと窮屈な思いがすることもあったのでしょう。本人は「ここには自分の居場所がない」と嘆き、自殺未遂を繰り返して、最後に10回目の自殺未遂をした年の冬、大腿骨を骨折し、その年の夏に亡くなられたのです。

介護保険がスタートする数か月前のことでした。

大きなショックでした。

あすなろの他の障害者たちも、次々と高齢者になり、体調不良を訴える人も増えていました。

……これはどうしても、彼らが安心して入れる、障害者が優先して入れる老人ホームが必要だ……と思うようになりました。

ないなら、つくるしかない！

しかし、そんな資金は、ない……。

「いやしのさと」オープン

県に実情を訴えに行くと「法律がない」、「事例もない」とあっさり断られました。

それでも、これはなんとかしなければと思っていた矢先、豊郷町の町長が来所され、「なぜ、そんなに障害高齢者のホームをつくりたいんですか？」と聞いてくれたのです。そこで、64歳で歩けなくなり行くところがなくなった障害者が自殺した話、障害者が年をとっても安心して暮らせるような場所がつくりたいと話しました。すると町長はちょっと考えてから「国に書類を提出してみるから、設立の趣旨書を書いてください」と言ってきたのです。

そこで、障害者が入れる高齢者施設の建設の特徴として、

・介護度を上げない。元気老人を目指すこと。
・障害者のお年寄りが優先して入れること。
・介護職員として、中・高年者の雇用と若い障害者を雇用すること。
・障害者の雇用の一環として職業訓練の場としても機能させる。

という案を提案したのです。

ところがこれが、「画期的だ」と言われました。

このとき、小泉内閣が発足したばかりで、小泉内閣が政策として掲げていた重点7項目の内の3項目がこの方針にあてはまると言うのです。そして町が国にプランをあげると、なんと国からの助成金事業として建設のＯＫが出たのです。

滋賀県は国がやるなら仕方がないということでしたが、建設に際しては自己資金が必要です。だけど我々にはそんな資金はありません。そこで、県が「県のモデル事業」として建設するという方策を考えてくれ、建設資金の一部を出してくれました。

こうして、町、県、国の力を借り、あすなろ福祉会の初の高齢者事業、特別養護老人ホーム「い

やしのさと」は、いよいよ実現する運びとなったのです。

元気老人をめざすホーム

「いやしのさと」の特徴の1つめ。

通常の特別養護老人ホームでは、入所しているお年寄りの介護度がどんどん上がっていきますが、その常識を破り、できるだけ元気な状態を保つこと、むしろ介護度を下げていくことを目標に掲げて、スタートしました。

さて、元気にさせるためには何が必要か？　考えました。

まずは食べることだと、「食」の重視について考えました。

それでは、食べるためには何が必要か？

健康な歯だと考えました。

そこで月に一度、歯科検診を実施することにしました。しかし、一人ひとりを毎月歯科医院に連れていくのは大変です。そこで施設内に歯科治療室を作りました。当時は、施設内に霊安室を設置する必要があって、そのためのスペースが空いていたのですが、全室個室なので必要ないだろうということで、機材を入れ、毎週、歯科医師に来てもらって、歯科検診、口腔ケアをホーム内でやれる部屋にしたのです。こうして口の中の健康を重視しました。

食べることはなんと言っても元気の基本です。

もうひとつは、食べる意欲をどう高めるかです。熱いものは熱いうちに、冷たいものは冷たいうちに。調理してから時間をおかずに、分けて提供します。天ぷらの日は、目の前で揚げてアツアツを食べてもらいます。

毎月1回、特別食の日を設けて、すき焼きやバーベキューもやります。高齢者の食事では肉は1人70gと言われたり、「お年寄りは肉はあまり好まない」と言われたりしていますが、そんなことはないと思います。開所より10年ほどは、みなさん150gぐらい平気でペロッと平らげられました。元気なお年寄りはみんな肉が好きです。特別に薄く切ってもらっているので、柔らかくて、食べやすいこともありますが。

寿司屋に来てもらって目の前で寿司を握ってもらうこともあります。元気な人は20貫ぐらい食べられます。

また通常のホームだと医療顧問の先生は1人ですが、「いやしのさと」には内科、精神科、歯科、と医師が3人います。医療体制が手厚いのです。だから長生きされます。

100歳以上の方が2人、95~99歳の方が7人おられます。

最初の頃は介護度が軽い状態を維持し、介護度が軽くなる方がたくさん出たことで収入が減り、赤字となる始末。やむを得ず県と相談し、軽い方のためのグループホームをつくることになりました。その後、入所対象者を介護度3以上にする制度変更が行われたことで、介護度の平均が4・2ぐらいになってきましたが、それでも50人の定員の内、今でも普通食の人が9人おられます。

この件に関しては、2023（令和5）年からようやく東京都等で「要介護度等改善促進事業」が開始され、介護サービスの利用者の要介護度を改善した施設・事業所に対して「報奨金」が出るようになりました。ここでも、あすなろは世の中よりも20年も先を行ってしまっていたわけです。時代はいつでもあとから追いついてきます。

介護スタッフとして若い障害者、元気な高齢者を雇う

「いやしのさと」の2つめの特徴は、障害のある人が優先的に入れることです。障害者が優先と言っても、あすなろからだけではありません。県内どこからでもご利用いただけます。しかし、ユニット型のため年金だけでは入所できないという現実があり、一般の方のご利用が多いのが残念です。

そして3つめは介護スタッフとして若い障害者や元気な高齢者を雇うことです。

現在、障害のある若者が介護職員として5人、「いやしのさと」で働いています。あすなろのグループホームに住み、お給料を貯めて車の免許を取りに行き、自分の車を買った子もいます。養護学校

高等部を出てから働き始め、12年間で1千万円貯金した子は、去年からあすなろのグループホームを出て一人暮らしをしています。自宅から通ってくる子、実習生として来ている子もいます。

もうひとつ、「いやしのさと」では高齢者の職員も多く雇用しています。最高齢では83歳の方もおられます。こうなると、誰が入所者で、誰がスタッフか、よくわかりませんが、お世話をしてもらっているというより、互いに助け合っている、支えあっているという感じがしていいらしいのです。

働ける人、健康な人は、いくつになっても働いた方がいいのです。

というのは、地域には、若いときに年金をほとんどかけてこなかった人、かけることができなかった人がたくさんおられます。かけていなければ年金額は少ない。額が少なければ、生活費が足りませんから、幾つになっても働かざるを得ません。そういう人がたくさんおられます。だから、みんながんばって仕事をします。

障害があってもなくても働くことは当たり前。

そこから発展していって、年をとっていてもとっていなくても、人として働くことは当たり前、になっていったわけです。

あすなろの作業所からも作業の一環として、「いやしのさと」へ清掃へ行っています。だから職員は、本来なら清掃に手がとられる時間もお年寄りにかかわれて、手厚い介護ができるわけです。

「いやしのさと」はあすなろ福祉会の施設ですが、経営はいちおう独立採算になっています。

多世代交流「あったかほーむ」

ところで、特別養護老人ホーム「いやしのさと」をつくり、昼間のデイサービス事業を始めたとき、当然、この近所の地域のお年寄りがたくさん来てくれるだろう、と思って待っていたのですが、いざフタを開けてみたら、地元の人はほとんど来てくれませんでした。

なんでや？　こんな近いところにデイサービスをやっている、きれいな新しい施設ができたのに、おまけにいい取り組みをやっているのに、なんで来んのや？

……と思って、よくよく話を聞いてみると、地域の人たちは「介護保険の1割負担を払うのが大変や」と言うのです。生活が苦しい人が多いのです。1割負担を払ってまで、デイには行けない、という人が多いということがわかってきたのです。

じゃあ、どこに行ってるんや？　と思ったら、案の定、病院や診療所の待合室がたまり場になっているのです……。

それやったら……地域には人が住んでない空き家がたくさんあるのやないか？　と。そこにお年寄りが誰でも行ったらええ〝たまり場〟をつくったらどうなんや？　と。

そこであすなろ福祉会とNPO法人「とよさとまちづくり委員会」、滋賀県立大学の学生がつくる「とよさと快蔵プロジェクト」の三者の共同で滋賀県がすすめていた「あったか たうんづくり事業」の一環として、空き家を借り、県立大学の学生に200万円かけて部屋を改造してもらいました。そのまま2階を学生の下宿にして、家賃を1か月2万5000円もらって、その収入をあったかほーむの運転資金に充てるようにし、多世代交流ができるようなコミュニティハウスづくりに取り組みました。

そうして2007（平成19）年にできたのが、あったかほーむ第1号の「おやえさん」でした。

最初は、学生とお年寄りがうまく交流できるかどうかわからなかったので、念のため、入口を2つ設置しました。もともと玄関口と裏口がある家だったので、それをそのまま利用してお年寄り専用入口と大学生専用入口にしたのです。

ところが、半年も経たない内に、お年寄りの出入口のほうから学生たちも出入りするようになって、学生専用口のほうは、ほとんど使われなくなりました。なぜかというと、学生が夕方、帰ってくると、お年寄りが「おかえり。晩ご飯、まだ何も食べてへんのやろ？　これ食べるか？」と声をかけたり、「朝飯、つくったろか」とか言うようになった。そのお返しにちょっとした用事を若者がやったり、自然と交流をするようになった結果、入口は1つでよくなった、というのです。

子ども食堂

そこへ今度は子どもたちが遊びに来るようになりました。学校の帰りに、知ってるおじいちゃん、おばあちゃんがいる家があるからと、数人があったかほーむに立ち寄るようになり、ここで宿題をしたり、カロムをして遊んだりするようになったのです。まさに地域の多世代交流の場でした。

そして、今度は「子ども食堂」にも発展していきました。

「あったか」で、おじいちゃん、おばあちゃんがつくった食事を子どもらが食べにやって来る。ただし、ご飯を食べたら、草むしりをしたり、茶碗を洗ったり、ちゃんとお手伝いをしろよと。

今、あちこちで「子ども食堂」をやって、子どもにタダで食べさせているのは、私はあかんと思っています。いつも社協に怒っているのです。お金を取れと言っているのではないのです。何もせんと、タダでご飯を食べさせているのは、子どもの頃から生活保護の育成をやっているようなものなのです。

子どもでも、できることをやらせたらいいのです。部屋の掃除をしたり、茶碗を洗ったり、周辺の草むしりをしたり。できることはいくらでもあるはずなのです。それでみんなで楽しくご飯を食べたらいいのです。

「あったかほーむ」は、全部で4か所運営し、一番最初の「おやえさん」だけが、建物老朽化のため、閉鎖しましたが、「磯部亭」、「恭やん」、「おこうさん」は今でも存続しています。

地域の高齢者を元気にし、多世代交流をすすめる。世代を超えて、家族のように地域で支え合う地域の「縁側」をつくっていく画期的な取り組みとして、大学の教授がフィールドワークの対象として取り上げたり、福祉先進国であるノルウェー大使館からも注目されるなど、大きな話題となって広がっています。

高齢者グループホーム「かがやき」

さて、「元気老人をめざす」方針で食事に重点を置き、手厚い介護と医療体制で3～4年、「いやしのさと」を経営していたら、ほんとうにみんな介護度が上がらず、元気なままで1年2年過ごし、どうかすると元気になって退所される方まで出てきて、それはそれでいいことなのですが、経営的には赤字になりました。

特別養護老人ホームは、今では介護度が3以上でないと入れないようになっていますが、以前は

1、2でも入れたのです。だけど要介護度が1、2の人ばっかりだと経営的には確実に赤字になります。

そこで、別に高齢者のグループホームをつくり、介護度が1、2の人はそちらに移ってもらうことにしました。

最初は認知症の人のグループホームを計画したのですが、認知症グループホームは地域密着型で町の認可がないとできませんでした。たまたま精神で制度改正があり、中庭をはさんで9床ずつ2棟あった建物が空いたので、真ん中の中庭だったところに天井をつけて広いホールにし、しゃれたデザインの建物にしました。

2008（平成20）年、高齢者のグループホーム「かがやき」の完成でした。

あれから10年たち、ようやく地域密着型の認知症グループホームに移行しつつあります。入所されている方は豊郷町と、この近隣の市町村の方たちです。

かがやきの利用者は、ほとんど70代以上ですが、グループホームのキーパーさんにも1人、80歳の方がおられます。

2013（平成25）年からは相談支援センターあすなろを開設し、地域全体の福祉に貢献するようになりました。

叙勲《じょくん》――瑞宝単光章《ずいほうたんこうしょう》と、御下賜金《ごかしきん》

話は少し戻り、１９９０年代のことになりますが、厚労省の役人と一緒に、私はイタリアに視察に行ったことがありました。

ちょうどイタリアの国営巨大精神病院が経営破綻して崩壊したときです。イタリア政府は金がない、医者も雇えない、薬も出せない中で、何百人という精神病患者を病院の外に放り出しました。しかし放り出すときには、住居を与え、食事も与え、衣服も与えた、と説明していました。私はそれを聞いてすぐに「おかしい」と思いました。うちもさんざんやってきたけれど、精神の人が病院から出て地域に戻るというのは、そんなに簡単にできることではないのです。そこで「一度、その人たちと現地で交流させてくれ」と頼みました。そうしたらなんと、家は屋根はあるが、電気もない。水道もない。そんなところに放り出されていたのです。与えられた衣類はワンサイズで、太った人は服に合わせろと、そんなことらしいです。

そのとき、「うちではすでにやっているで。病院を退院させて、仕事をして、地域に戻していく。その実践をやっている」と話をしました。

その視察のあと、国があすなろまで見学にやって来たことがありました。

これはあとから聞いた話ですが、このときすでに叙勲（勲章を授かる）の話が内々に出ていたらしいです。この時点からすでに候補にあがっていたということでした。

しかし、通常、叙勲は所属している団体から申請をするもので、私は一匹狼で、そういう会や団体的なものにはどこにも属してなく、従ってどこからも申請があがっていきません。それで仕方なく県社協の会長が、会長名で国に推薦をあげることになったらしいです。

ということで、どうやら10年は遅れたということらしい。

そうして、ようやく２０１５（平成27）年、瑞宝単光章の叙勲となったのです。

瑞宝単光章は、１つの分野での長年の功績に対して賞賛する、みたいな勲章で、消防とか警察関係の人に多い勲章だと聞いています。後にも先にも、福祉分野で瑞宝単光章をもらったケースは珍しいそうです。福祉分野ではそんなに長い期間に渡ってやっている人がいないからなのか、そのあたりのことは知りません。県社協に呼び出されて、どの施設で長を何十年勤めたかとか、事前にいろいろと聞きとりをされました。

叙勲よりも1年前の２０１４（平成26）年12月23日、天皇陛下から御下賜金《ごかしきん》（社会福祉事業御奨励）をいただきました。どちらかというとその方が、私にとっては嬉しかったです。

なぜかと言うと、これは全国それぞれの県で1年に1か所、病院や学校や滋賀県中の施設から選んで、天皇陛下のポケットマネーから贈られるもので、これまでに1回でも不祥事や問題のあったところは除外されるのですが、奨励の理由が、入所者の生活保護受給をゼロにした件が認められたものだったからでした。滋賀県でもらったことがあるところは数少ないのですが、何より、生活保護をゼロにしたことに対して、という理由が嬉しかったのです。

宮内庁長官からの通達があって、県に頂きに行きました。

個人的には、こっちの方が値打ちがあったと思っています。

まあ、いただくものなので、あまり大きな声で文句は言えませんが。

Column

あすなろと私

北村喜美枝（第2あすなろ園園長）

私とあすなろとの最初の出会いは、ちょうど浅居製作所が、精神障害のある入院患者さんの「外勤療法」受け入れ先事業を始められた頃のことでした。私は、当時、医療相談員として病院に勤務していました。あすなろさんが未知の領域である長期入院の精神の患者さんの雇用受け入れを、苦労をしながら課題に取り組み、克服していかれるのを感心しながら、私も病院側として協力して一つひとつ、一緒になってすすめてきました。

その後、あすなろが福祉法人化するとき、福祉制度や福祉施設運営に詳しいスタッフが必要ということで私に声をかけてもらいました。浅居顧問やスタッフのみなさんの障害のある人に対する温かい眼差しと、事業への情熱に以前から感銘を受けていたこともあり、お引き受けすることにしました。

というのも、当時の私は、どこに行くのにも生まれたばかりの次女を抱えて奔走していたのです。

次女には難病があり、通常の子と同じような生活を送ることが難しかったのです。成長してからも体力がなく、一般就労での働き方は困難でした。現在、自宅の改装をして、あすなろのグループホームの一つを運営し、そこでキーパーとして働きながら、次女は毎日利用者さんたちと共に暮らしています。

あすなろの「障害があろうがなかろうが、誰でも働くのが当たり前。人間らしく生きていくのは当たり前」という理念は、私たち親子にとっては日々の生活でもあり、人生そのものでもあるのです。

運動会

私の投げたの入るかなぁ。

パン食い競走　誰かな手で取っているの？

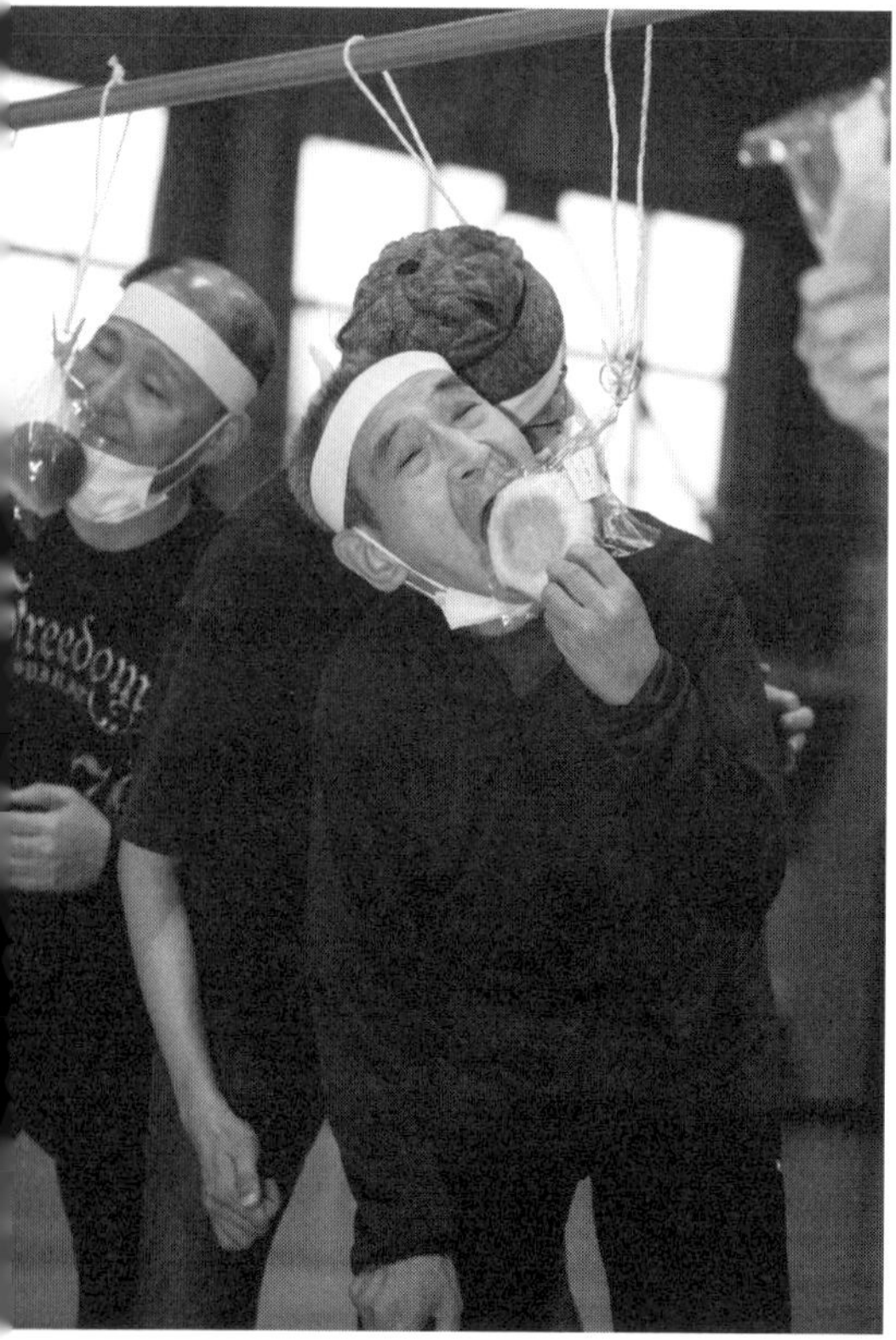

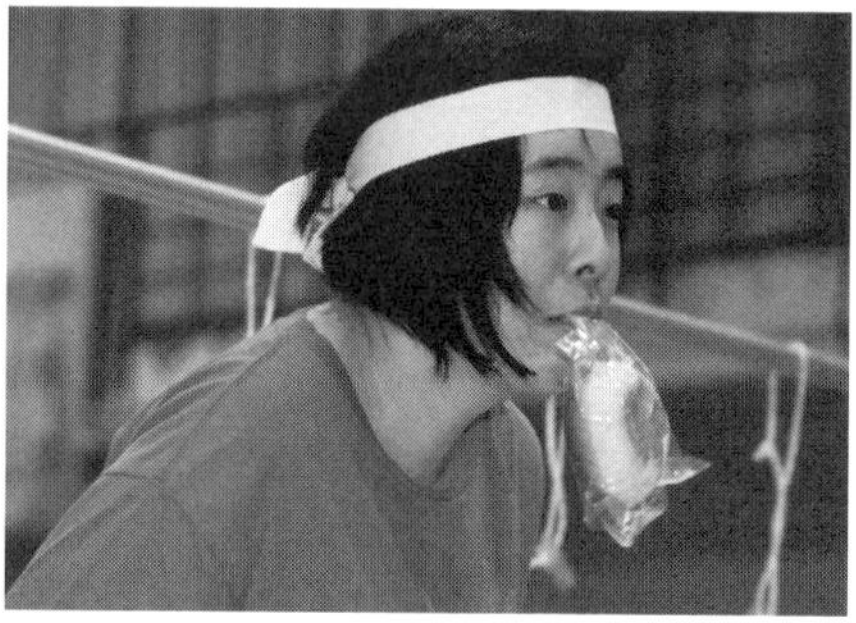

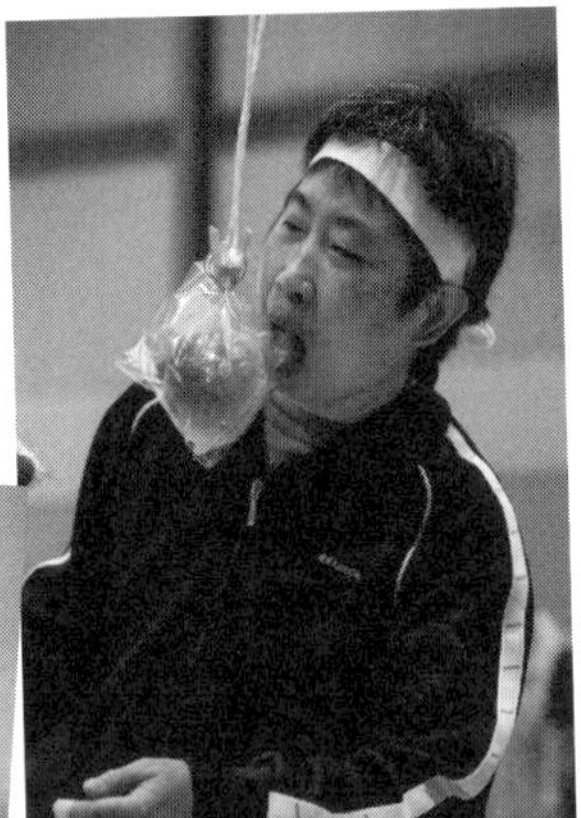

楽しいよ　笑顔いっぱい　運動会

NONSTOP
California
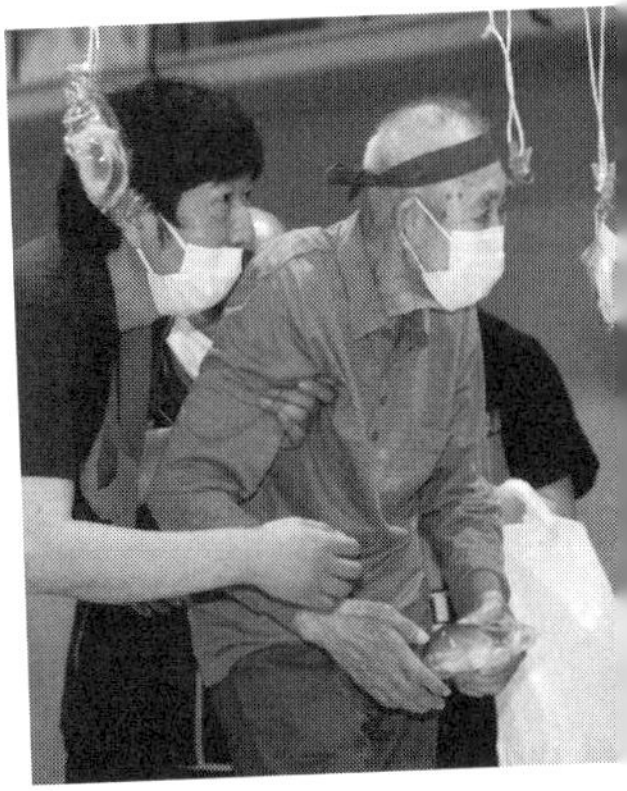
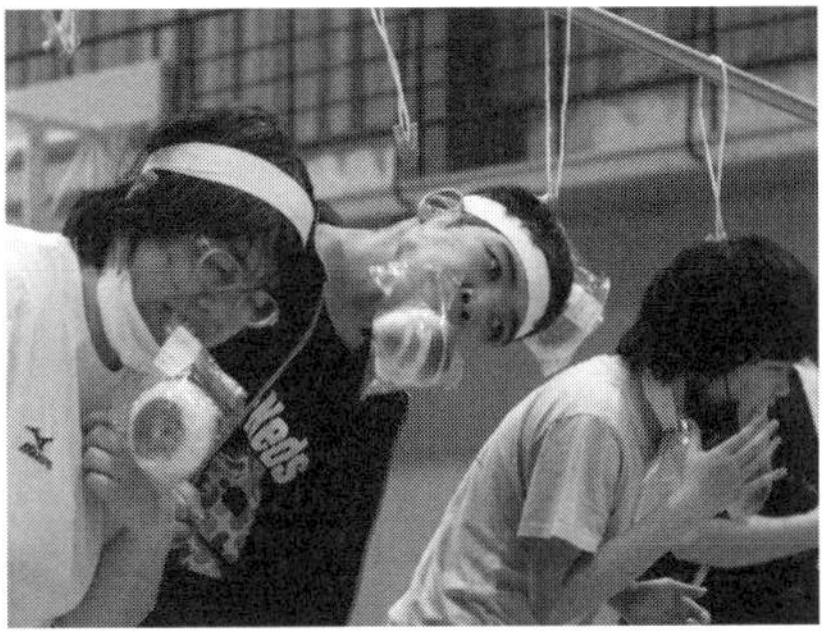

よいしょ!!　よいしょ!!

十字綱引き、どのチームが強いかな。

息を合わせて只今ボール運び中。

子どもたち、並んで、並んで、抽選会だよ。

夏まつり、大勢の人で楽しかったね。

美味しいね。皆で焼き肉夕食タイム。

焼き肉、焼けたよ‼

江州音頭発祥の地

4年ぶりだね、みんなで踊る江州音頭。

保存会の皆さん、ありがとうございました。

第5章　未来につなぐ手

――持続的な障害者福祉社会への展望――

あれから半世紀

２０２２（令和４）年、86歳で私は社会福祉法人あすなろ福祉会の法人理事長の職を息子に譲り、「法人顧問」に就任しました。

思い起こせば豊郷町へ帰って浅居製作所を始めてから、半世紀以上（正確には58年）、２０１８（平成30）年には30周年を迎えたあすなろ福祉会のスタートからは、34年の月日が経過していました。長かったようでもあり、また一瞬の出来事だったような気もします。

現在、あすなろ福祉会では、５か所の作業所、事業所のほか、12か所のグループホーム、特別養護老人ホーム「いやしのさと」、認知症のグループホームと３か所のあったかほーむを運営しています。

障害者にかかわる様々な事業の運営と一般就労支援や一人暮らし出発の支援、高齢者福祉、地域相談業務など、法人として多くの課題を抱えており、これからもしっかりと歩んでいくことが求められていると思っています。

親たちの変化、世の中全体の変化

ここ数年、私が痛切に感じることは、障害児をもつ親御さんの考え方が、以前とは大きく変化してきている、ということです。

まず、子どものことで日常的にあれやこれやと連絡したり、話し合いをするために頻繁に来所してもらうことをお願いしたりするような、うちのような施設は、はっきり言って、嫌われています。親から明らかに倦厭《けんえん》される傾向が、ますます強まっているように思います。

その子のことで気になること、今、大切にすべきこと、将来のことについて、親と施設が一緒になって考えて行こう、力を合わせて行こうというよりも、いったん預けたら、もうお任せで、預けっぱなしにできる施設の方が、最近はどうも好まれているのではないか？　という気がします。

いっぽう、養護学校の放課後の時間や休日を時間単位で〝預かってくれる〟「放課後等デイサービス」のようなサービスは全盛のようです。また、最近は株式会社が営利目的で経営するグループホームも増加してきていると聞きます。

普通にやっていたら儲かるはずがないと思うのですが、どんな経営になっているのか？　どんな内容をしようとしているのか？　行政はこれからもそれらをきちんと把握して監視していけよと願いたいところです。

親にとっても、誰にとっても、厄介なこと、面倒なことにはできるだけ直接かかわりたくない、できればお金で解決したいという風潮が、世の中全体を支配し、強まっているのかな？　とも見えます。

しかし、また一方、障害のある子をもつ親自身が、生活していくうえ、生きていくうえでの、様々な困難を抱えている層が増えてきているという実態も深刻な問題として広がっているように思われます。

そういう意味でも、これから福祉施設が果たす役割は、ますます大きくなっていくのではないかと思います。

時代の流れをよく読んで、必要とされることに素早く対応していくことが重要かと思います。

一人ひとりの居場所を大切に
生活保護ではなく、雇用の促進を！

私が昔も今も思うことは、ホームで暮らしている子らが、長期休みなどで実家に帰ったとき、いわゆる帰省してきたときは、他の兄弟と同じように扱ってやってほしい。「よく帰ってきたな」とあたたかく迎えてやってほしいということです。

実家での居心地がよかったからといって、グループホームに戻るのがイヤになるようなことはまずありえません。毎日の生活が充実していれば、みなそれぞれにホームに自分の居場所をもっています。

一人ひとりに、ペースは遅くても、自立と成長の姿があります。それを認めて、褒めてやって、家族としてあたたかく迎え、そしてまた、あたたかく送り出してやってほしいのです。

そして国から出ている障害基礎年金は、家族が使うのではなく、その子らがしっかりと自分の居場所が築けるように、生活の拠点を確保できるように将来を見据えて、その子なりの働き方で働きながら生きていけるように、そのための資金として使ってほしい。

これは家族のみなさんに、心からお願いしたいことです。

また、家族がそうできるように、国は障害者をもつ家族への支援のあり方を考えてほしいものです。

国が福祉施策として、生活保護に頼り過ぎるのは間違いです。福祉＝生活保護で、国がお金で面倒をみていたら、国にいくら予算があっても足りなくなってしまいます。

タダでもらえるお金は人をダメにしてしまいます。

障害のある人、困っている人に対して無償の援助をする。お金を払うのではなく、彼らにもできることに応じた働き方ができて、働くことで生活のための資金を入手することができる。人として当たり前に生きられる。そのことが実現するように、その手立てのために、国は民間とも協力して、もっともっと知恵とお金を使ってほしいと思います。

企業が障害のある人や困難を抱えている人に、雇用の門戸を開くように、働く場所を提供できるように、そのための法整備をしたり、助成金を出したりすることこそ、国がやるべきことと思います。

人としてあたりまえに——未来に向けて

障害があってもなくても、人として働くことはあたり前。

障害の種類で差別をしない。

雇用から福祉へ、
そして誰もが年をとっていく……

障害があってもなくても、若くても年をとっていても、あたりまえに働いて、共に生きていく、という生き方を、無我夢中になってやってきて、あっと言う間でした。

こうあらねばならないとか、こうするべき、とかいう崇高な理念があったわけではないです。

ただ、目の前にいる彼らと一緒に、真剣に課題に取り組み、要請されること、自分がやれることを、躊躇することなく、とどまったり足踏みすることなくやっていたら、こうなったという結果です。

これから先、未来のあすなろは、息子や、孫たち、さらにその次の世代の若者たちがつないで、つくっていくのだろうと思います。

私のやり方を踏襲しろとは、言いません。

私の歩んできた道を見ならえとか、真似をしろ、とは、決して言いません。

新しい時代、その時代、その時代に応じて、求められていることに応じて、世の中の動きをよく見極めながら、目の前の利用者のことをまず一番に考え、大切に考え、共に、進んでいってくれたらいいと思います。

私も命のある限り、がんばります。

人はみな、人として同じ。
人として、あたり前に。
人として、共に働き、共に生きていく。
その先に、必ず未来が開けていることを、いつでも信じています。

未来へ

かがやきにきて7年。今もあすなろでの楽しかった思い出忘れないよ。

2
火

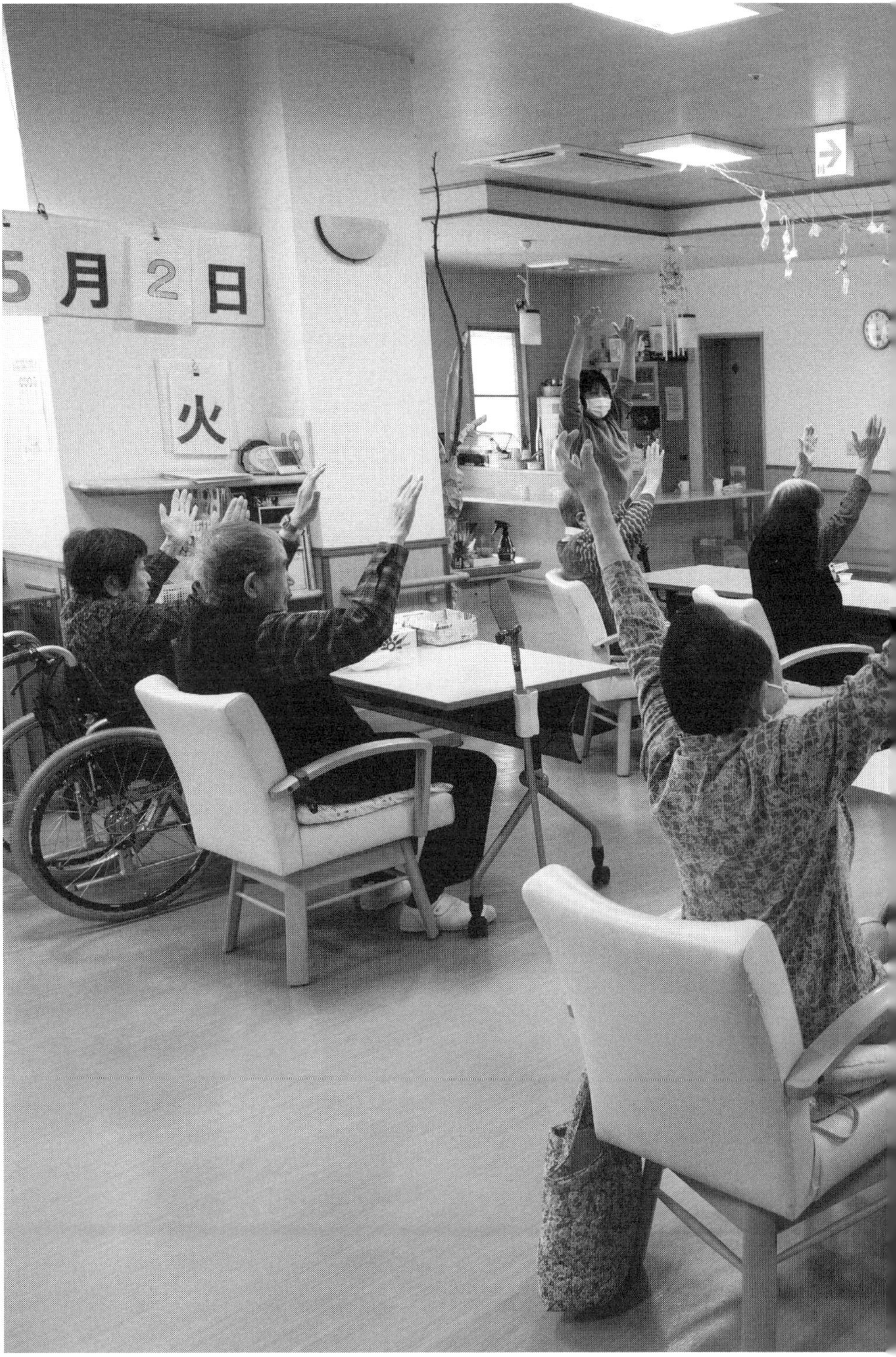

デイサービス。皆で元気に体操です。

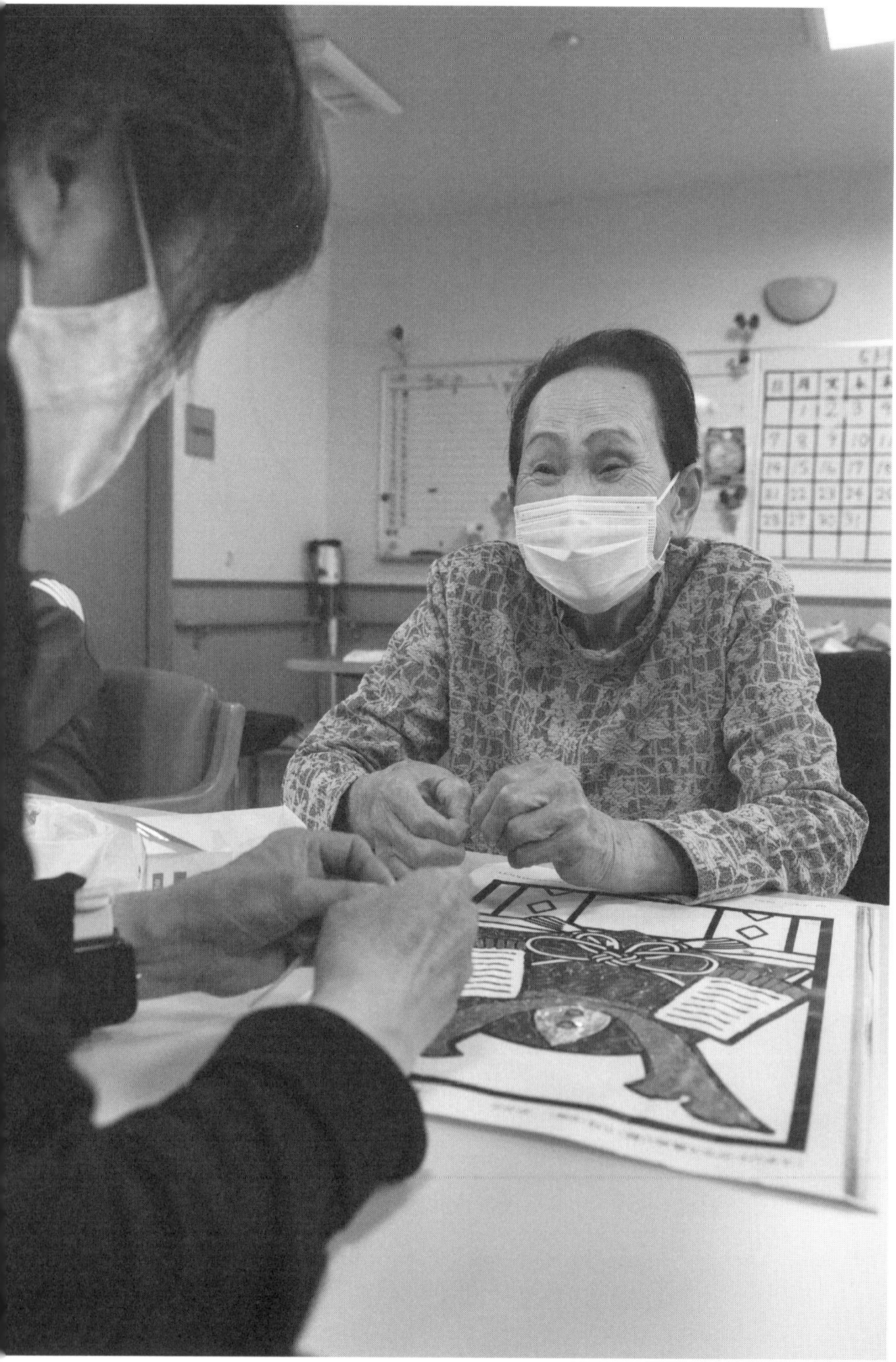

今日は週に1回のデイサービス。楽しく過ごしています。

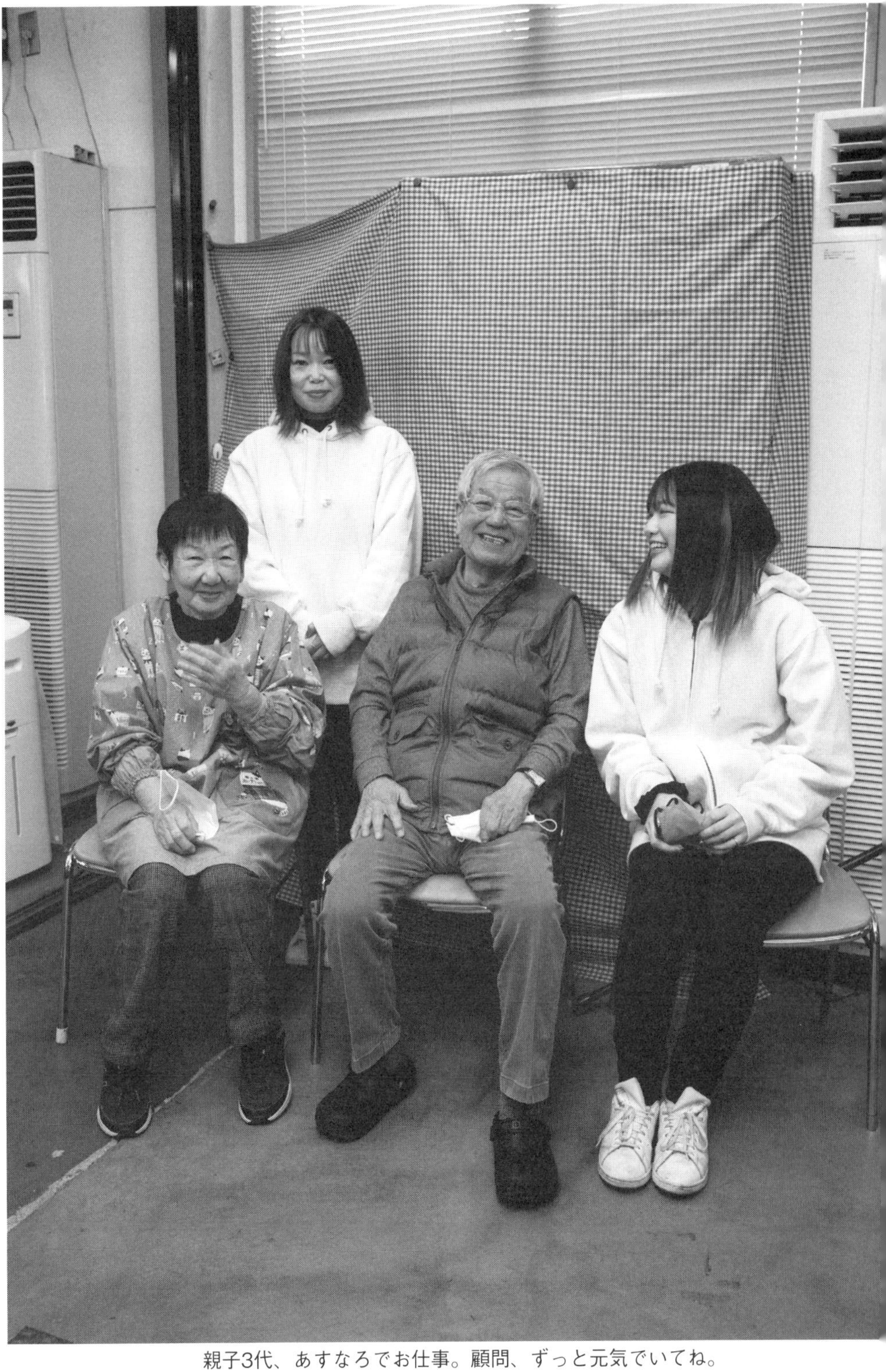

親子3代、あすなろでお仕事。顧問、ずっと元気でいてね。

デイサービスもコロナ対策。学校みたいに並んで食事。ちょっとさみしいな。

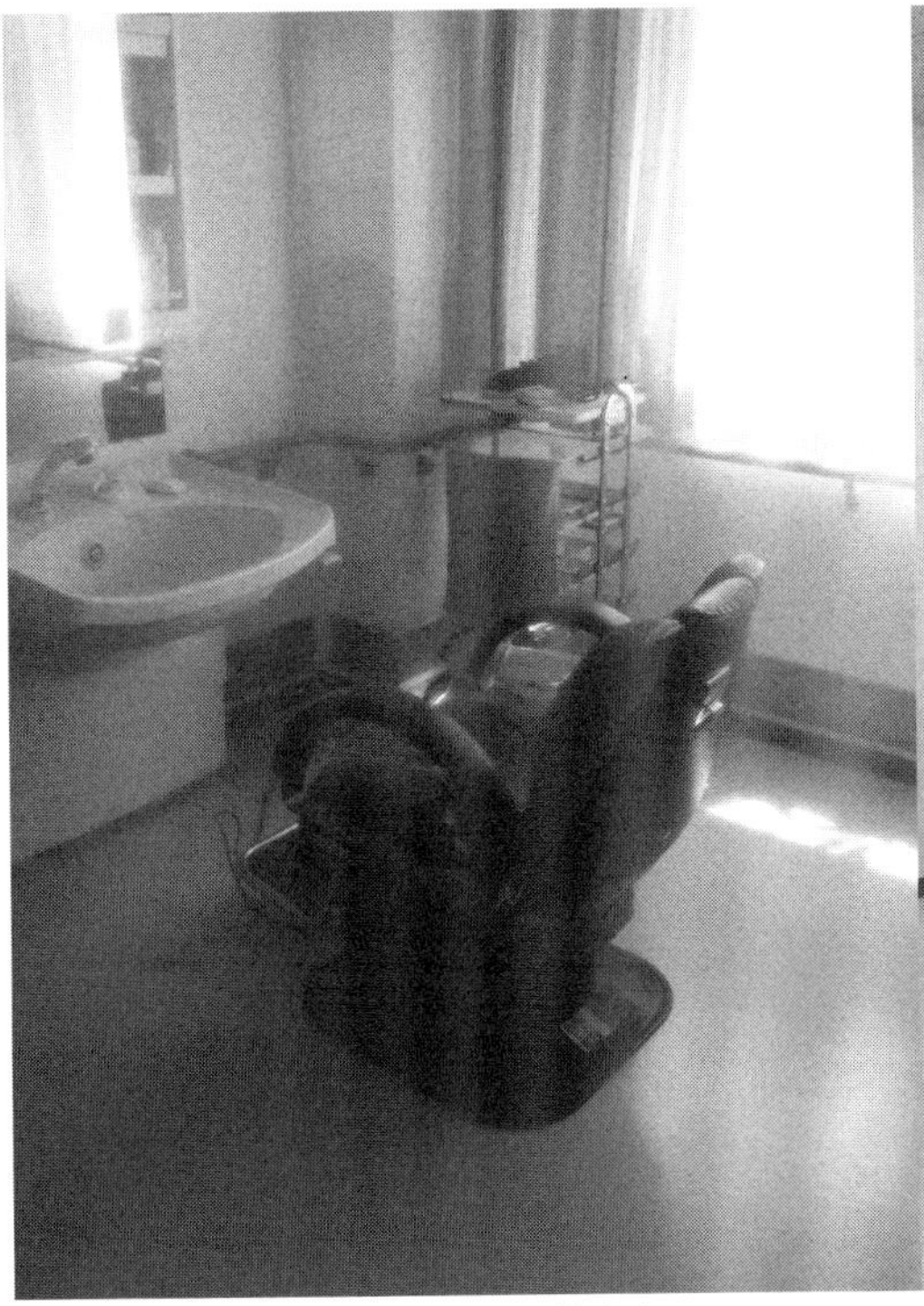

いやしのさとの美容室

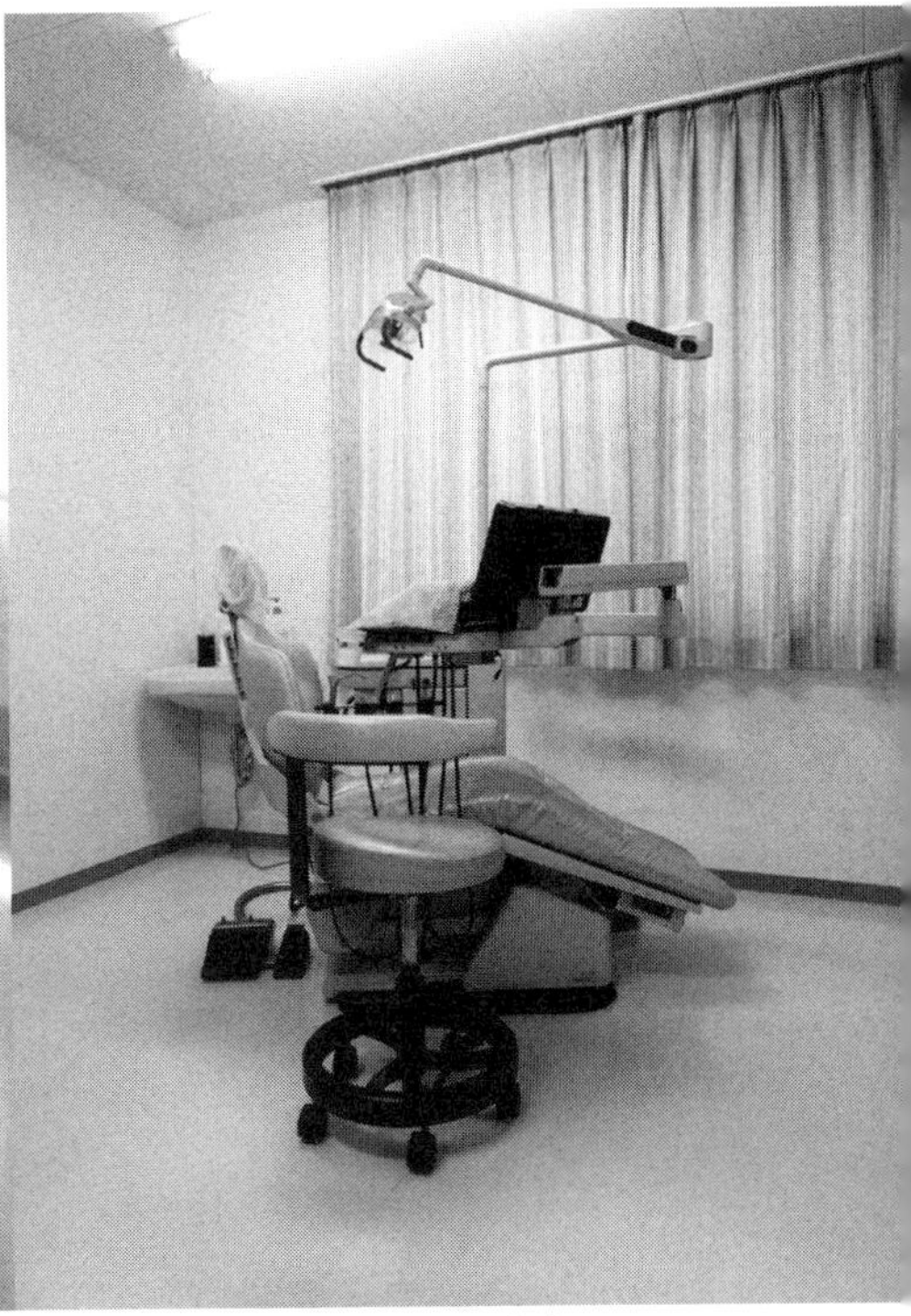

歯科診療室

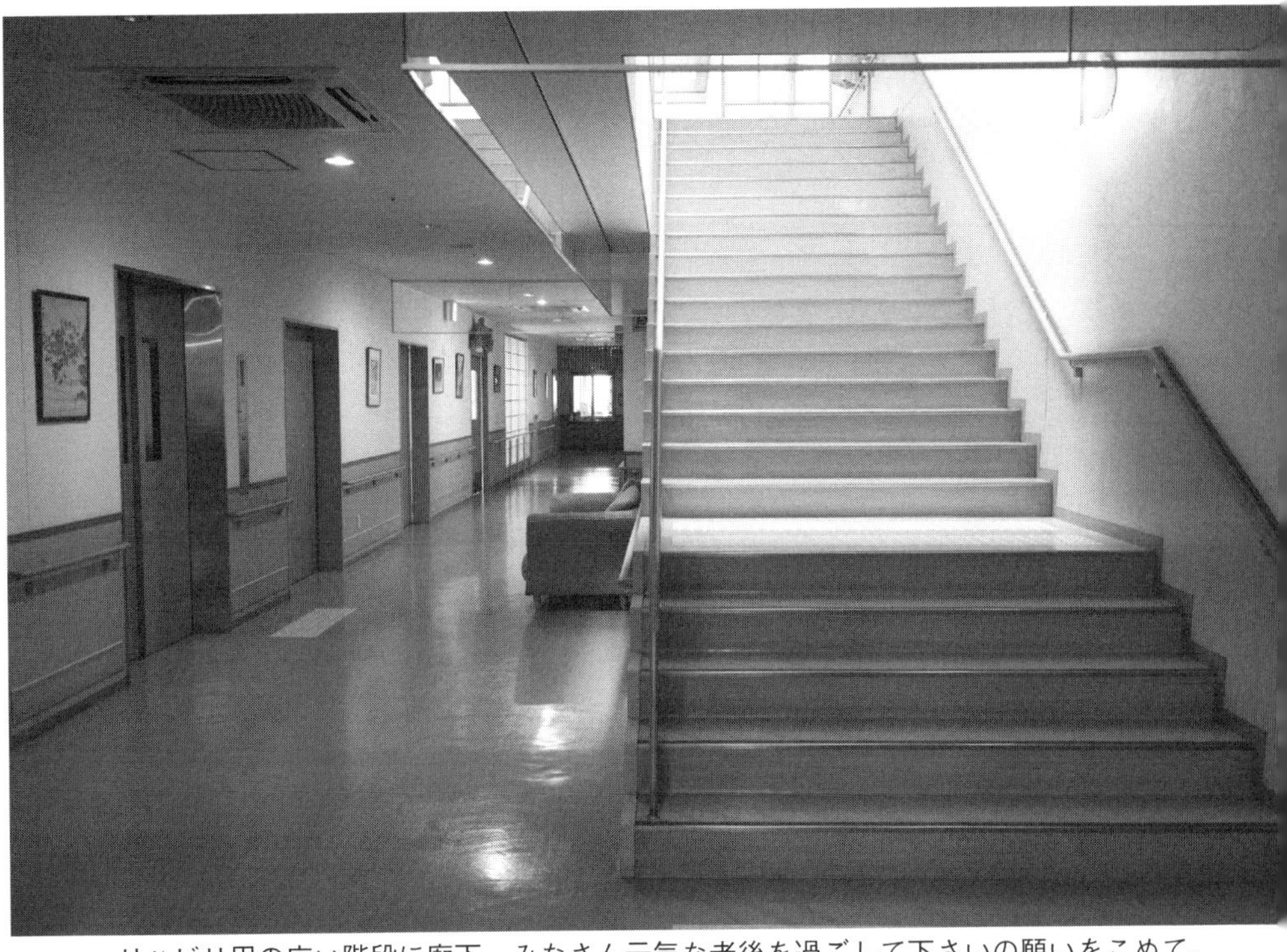

リハビリ用の広い階段に廊下。みなさん元気な老後を過ごして下さいの願いをこめて。

高齢と障害に別れてつないでいきます。

親子3代の誓い　顧問の意志を理事長（息子）が引き継ぎ、そのあと孫2

若い世代に理念やハートを引き継いで。

〈浅居茂語録〉

人は生まれた以上、働くのが当たり前。障害があってもなくても、
人として自分に出来る働き方で働いて生活するのが当たり前。

この子らは私の先生や。次から次へと課題を出して回答をせまってくる。
それで私も法人も一歩前進して成長することができる。
だからこの子らは私らの恩師なんや。

アルコール依存症の患者へ。酒は飲んでもええで。
ただし夏祭りと旅行のとき。それまでは、がまんせえ。

仕事は株式会社の名前で取ってくる。一般企業と同じ条件や。
そのかわり、こっちも、品質も納期も、一般企業なみに守るで。

自動販売機、タイムカード、外出、旅行。あらゆる経験が学習の機会や。
一生かかって一つひとつ、身につけていったらええ。それが自立につながっていく。

人は目に見える未来に楽しみや目標、ご褒美がなければ、毎日がんばって働こう、
という気にはなりません。それは障害があろうがなかろうが、みんな一緒や。

一年に一回は、みんなで旅行に行く。はじめて行くところ、はじめて見るもの、
旨いもんをいっぱい食べて、大いに楽しむんや。

生きていたら、楽しいことがいっぱいあるんやで。

誰もがみんな年をとる。障害があろうがなかろうが、
年をとっていようが若かろうが、働ける人は働く。それが当たり前。

発想を転換し、チエを出せば、お金はなくてもみんなで楽しい
豊かな暮らしができるで。

浅居茂と法人のあゆみ

西暦	和暦	年齢	おもなできごと
1935	昭和10	0	12月30日、滋賀県犬上郡豊郷町に生まれる
1945	20	10	小学校4年生で終戦を迎える
1950	25	15	中学を卒業、大阪へ。叔父の会社へ勤務
1953	28	18	大阪浪速区の豊郷町出身の人が経営するランドセル工場へ勤務。↓トランジスターラジオカバー制作へ
1955	30	20	大阪で浅居商店を設立、独立
1963	38	28	「浅居製作所」を創業（大阪）
1964	39	29	故郷の豊郷町に戻り、本格的に浅居製作所を開始する
			トランジスターラジオケースづくり、韓国への技術指導、工場に遊びに来る障害のある子との出会い
1966	41	31	知的障害者の雇用を始める。第1号は近所の子
1975	50	40	知的障害だけでなく、精神障害者の雇用もはじめる
1978	53	43	住宅助成（0001番）を受け、障害者専用社員寮建設、国から助成を受ける
			県条例が二つできる
1983	58	48	あすなろホーム（生活ホーム）開所↓のちに四季（2号棟）に変更
1986	61	51	無認可小規模作業所「あすなろ共同作業所」開所↓のちに第2あすなろ園に変更
			全体の8割、45名の障害者雇用
1978	62	52	ゆたかホーム（生活ホーム）開所↓のちに障害福祉サービス事業所に変更

1988	63	53	社会福祉法人あすなろ福祉会（法人設立）、理事長に就任
1989	平成1	54	知的障害者通所授産施設 あすなろ園開設
			山田ホーム（生活ホーム）開所→のちに知的障害者グループホームレンガに変更
1990	2	55	精神障害者授産施設 第2あすなろ園開設→のちに第3あすなろ園に変更
			精神障害者生活訓練施設 あすなろ寮開設→のちにグループホームとよさとに変更
			精神障害者福祉ホーム あすなろ福祉ホーム開設→のちに認知症対応グループホームかがやきに変更
1991	3	56	無認可共同作業所 第2とよさと共同作業所開設→のちにセルプはたしょうに変更
1993	5	58	精神障害者グループホーム 四季開所→のちに障害福祉サービス事業所に変更
1995	7	60	豊郷町商工会会長に就任。愛犬地区商工会連絡協議会福祉研修会を開催、障害者雇用を訴える。税務署・職安・労働監督署も協力。
1996	8	61	サングループ事件・解決へ
			知的障害者グループホーム 第2コスモスホーム（1号棟）開所→のちに障害福祉サービス事業所に変更
1997	9	62	「第2あすなろ園認可返上します」事件。国から3障害の統一への意向の返答を得る
1999	11	64	知的障害者グループホーム ゆめ開所→のちに障害福祉サービス事業所に変更
2000	12	65	知的障害者グループホーム フレンズ開所→のちに障害福祉サービス事業所に変更
2001	13	66	精神障害者グループホーム シャイン及びハピネス開所→のちに障害福祉サービス事業所に変更
2002	14	67	ジョブコーチ派遣事業

2004	16	69	知的障害者グループホーム HOPE 開所→のちに障害福祉サービス事業所に変更
	16	69	特別養護老人ホームいやしのさと開設
	18	71	障害者自立支援法、障害者の1割負担は市町村で負担するよう制度改正
2007	19	72	あったかほーむおやえさん開所。あったかたうんづくり事業開始。3年間モデル事業として補助金を受け、その後豊郷町の宅老事業として継続
2008	20	73	あったかホーム磯部邸開所
			高齢者グループホームかがやき開設
2009	21	74	障害福祉サービス事業所 たけのこ開所
			あったかほーむ恭やん開所
2010	22	75	障害福祉サービス事業所 ひえ開所
2013	25	78	相談支援センターあすなろ開所
2014	26	79	天皇陛下からの御下賜金
			あったかほーむ おこうさん開所
2015	27	80	瑞宝単光章　叙勲
2016	28	81	障害福祉サービス事業所 あすなろ開所
2020	令和2	84	障害福祉サービス事業所 あすなろ（2号棟）開所
2022	4	86	理事長を退任、法人顧問に就任
2023	5	87	障害福祉サービス事業所 あいしょう開所
			『障害があっても同じ人間や』上梓

著者紹介

浅居　茂（あさい しげる）

1935年　滋賀県犬上郡豊郷町に生まれる。
1963年　浅居製作所創業、翌年豊郷町に戻り、本格的に操業開始。
1988年　社会福祉法人あすなろ福祉会理事長に就任。現在は法人顧問。

社会福祉法人あすなろ福祉会
〒529-1175　滋賀県犬上郡豊郷町沢506-1
TEL　0749-35-4677

取材協力：浅居　　孝（社会福祉法人あすなろ福祉会理事長）
　　　　　北村喜美枝（社会福祉法人あすなろ福祉会　第2あすなろ園・管理者）

写真：豆塚　猛

聞き書き：根津眞澄

コーディネート：小林信之（新日本プロセス株式会社）

障害があっても同じ人間や
――雇用から福祉へ　共に働き、共に生きた半世紀――

2023年12月25日　第1刷発行

著　者　浅居　茂

発行者　黒川美富子

発行所　図書出版　文理閣
京都市下京区七条河原町西南角 〒600-8146
電話 (075) 351-7553　FAX (075) 351-7560
http://www.bunrikaku.com

印刷所　新日本プロセス株式会社

ISBN978-4-89259-943-9